La comunidad de propietarios de la A a la Z

COLECCIÓN LEGAL
EQUIPO JURÍDICO DVE

LA COMUNIDAD DE PROPIETARIOS DE LA A A LA Z

dve
PUBLISHING

En la elaboración de esta obra ha colaborado Antonio Aspiazu Monteys, abogado y profesor univesitario.

Diseño gráfico de la cubierta de Mireia Vidal Tarré.

© Editorial De Vecchi, S. A. 2018
© [2018] Confidential Concepts International Ltd., Ireland
Subsidiary company of Confidential Concepts Inc, USA
ISBN: 978-1-64461-152-4

Introducción

Este libro está dedicado a todos aquellos que, formando parte de la comunidad de propietarios de un edificio, carecen de conocimientos específicos sobre la materia.

Ese desconocimiento hace que, en muchas ocasiones, las personas no defiendan los derechos que las leyes les reconocen, sencillamente porque los ignoran.

En otros casos, ocurre lo contrario: se plantean en la junta de propietarios peticiones y exigencias infundadas, creyendo de buena fe que se tiene derecho a ello, cuando en realidad no es así. Todo ello da lugar a discusiones acaloradas, a enfrentamientos entre vecinos, a acuerdos cuya aprobación se prolonga indefinidamente —o no puede llevarse a cabo—, a litigios ante los tribunales... Es decir, toda una serie de situaciones molestas que podrían haberse evitado en muchas ocasiones si se hubiera sabido exactamente cuáles son los derechos y las obligaciones de cada uno.

Este problema se agrava cuando alguien adquiere una vivienda o un local y carece de experiencia sobre comunidades de propietarios, y se complica especialmente cuando además se debe desempeñar el cargo de presidente o secretario.

Este libro pretende ser una ayuda para quienes se encuentran en esa situación. Para los que, aun disponiendo de algún tratado o manual sobre la regulación legal de las comunidades de propietarios de edificios en régimen de propiedad horizontal, no comprenden exactamente el significado de muchas de las palabras que se encuentran en ellos.

Ciertamente, en el mundo de la abogacía (de las leyes, notarios, jueces, etc.), existe un lenguaje propio, desconocido por quienes no pertenecen a él.

Esta obra es, por lo tanto, un complemento indispensable para abordar la lectura de los libros ya existentes sobre la materia, con la seguridad de que podrá entenderse perfectamente su contenido.

Se incluyen aquí no sólo los conceptos jurídicos específicamente relacionados con la propiedad horizontal, sino muchos otros, que los copropietarios pueden encontrar en esos libros y también en leyes, ordenanzas, estatutos, reglamentos, contratos, actas y demás documentos que pueden afectarles de una u otra forma.

Esperamos haber elaborado una herramienta útil, que permita a nuestros lectores un mejor conocimiento de sus derechos como miembros de una comunidad de propietarios, y de la forma en que, si es necesario, puedan defenderlos.

Equipo jurídico DVE

A

AB INTESTATO

Expresión latina muy utilizada cuyo significado es «sin testamento». También se aplica para designar el procedimiento judicial o notarial sobre herencia y adjudicación de bienes del que muere sin haber otorgado testamento, ni manifestado ningún otro acto de última voluntad.

ABANDONO

El acto de dejar o desamparar una cosa que pertenece al que la abandona, o de una persona que esté a su cuidado; o también, de un derecho o una acción, o el incumplimiento de un deber. El abandono de la acción legal que la ley concede puede hacerse de forma expresa, mediante escrito, o tácita, dejando transcurrir los plazos legales sin entablar la acción.

ABANDONO DE ACCIÓN

La renuncia hecha por un litigante del derecho que la ley le concede para mantener una reclamación o un recurso contra la resolución judicial. El abandono puede ser expreso, mediante escrito, o bien tácito, dejando transcurrir los plazos legales.

ABOGADO

Persona que con título legítimo ejerce la abogacía, bien defendiendo en un juicio los derechos e intereses de los litigantes, bien promoviendo una acusación, bien dictaminando y asesorando sobre cuestiones extrictamente legales.

Para el ejercicio legal de la profesión por cuenta propia es necesario cumplir determinados trámites (inscripción en el colegio pertinente, alta en el impuesto sobre actividades económicas, etc.).

ABOGADO DEL ESTADO

Es el letrado que está encargado de la defensa y representación de los intereses del Estado en el orden jurídico.

ABOGADO DE OFICIO

Son los abogados nombrados por turno, para la defensa gratuita de los asuntos judiciales de las personas que no tienen medios económicos suficientes para acudir a un abogado privado.

ABRIR FOLIO

Término usado para indicar la forma de ingreso de una finca en el Registro de la Propiedad.

De este modo, el ingreso de una finca en el Registro de la Propiedad se realiza mediante la correspondiente inmatriculación, proceso que conlleva la acción de abrir folio para esa finca.

ACCESIÓN

Modo de adquirir una cosa. Derecho en virtud del cual el propietario de una cosa lo es asimismo de sus frutos y de todo lo que a esta se le incorpore en forma natural o artificial.

ACCESIÓN DE BIENES INMUEBLES

El derecho de accesión respecto a los bienes inmuebles atiende, como principio general, que todo lo edificado, plantado o sembrado en predios ajenos, y las mejoras o reparaciones realizadas en ellos, pertenecen al dueño de los mismos, salvo los gastos realizados en los mismos, cuando no hayan corrido a cargo de propietario, en cuyo caso habría lugar a la indemnización correspondiente. En todos los casos existe la alternativa de indemnizar o de adquirir la obra, plantación o siembra con el pago subsiguiente del material y trabajo incorporado, siempre que el dueño de los materiales actuare de buena fe.

ACCESO

Camino, paso, o medio por el que se puede llegar a un lugar. Los diferentes pisos y locales de un edificio, para ser considerados como tales, y objeto de propiedad individual y privativa, deben tener un acceso independiente. Este puede ser a través de un elemento común (rellanos, escaleras, patios, vestíbulo, etc.) o directamente a través de la vía pública (caso de los locales y algunas viviendas situados en la planta baja).

Acción

Es el derecho que asiste a una persona para exigir alguna cosa, y su ejercicio en juicio para obtener la declaración o reconocimiento de ese derecho, y en su consecuencia, al cumplimiento de obligaciones, o a la entrega de cosas y cantidades que el que acciona puede reclamar.

Acción cautelar

Es la acción que faculta la obtención de una medida de aseguramiento (solicitud del embargo preventivo de un bien material para asegurarlo).

Acción communi dividundo

Acción que corresponde a un copropietario para pedir la división de la cosa común, cuando no le interesa continuar en la situación de condominio.

Acción de daños y perjuicios

Es la que compete al que se considera perjudicado, por la culpa o negligencia de otro, para pedir el correspondiente resarcimiento o indemnización por los daños y perjuicios ocasionados.

Acción declarativa de propiedad

Es el derecho que tiene el propietario de una cosa para que le sea reconocida su titularidad frente a aquella persona que se la discute o pretende arrogársela.

Acción de deslinde y amojonamiento

Es la que corresponde al propietario de una finca, en relación con los propietarios de las fincas que son colindantes, para señalar y distinguir los límites de sus respectivas propiedades.

Acción de despojo

Corresponde al que hubiera sido desposeído de una cosa mueble con violencia para lograr que le sea restituida.

Acción de evicción

Corresponde al comprador de una cosa, para subrogar en su lugar al vendedor de la misma, cuando un tercero interpone un pleito sobre la propiedad de la cosa transferida.

Acción hipotecaria

Es la acción que corresponde al acreedor hipotecario para reclamar y hacer efectivo su crédito.

Acción de nulidad

Pide la nulidad de los acuerdos o contratos, por estimar que tienen algún vicio esencial o causa ilícita, o que el consentimiento ha sido obtenido mediante coacción.

Aceptación

Acto por el cual se admite lo que se da o se entrega. La aceptación puede expresarse de dos formas:

— tácita: cuando de los actos realizados se entiende dicha aceptación.
— expresa: cuando se refleja expresamente la voluntad, bien por palabras, bien por escrito u otros signos.

Aceptación de la herencia

Acto por el cual se da por finalizada la situación de herencia yacente iniciada con ocasión del llamamiento. La aceptación de la herencia sin condiciones se llama aceptación pura. Se llama aceptación expresa a la realizada en documento público o privado. Aceptación tácita es la que la ley (por los actos que realiza el heredero) acepta como aceptación. La aceptación de la herencia es un acto libre y voluntario, irrevocable, unilateral, indivisible y con efecto retroactivo al momento del llamamiento a favor del heredero o llamado que en ese momento acepta la herencia. El que acepta la herencia debe tener capacidad para suceder y para efectuar actos de disposición, pues la herencia puede incluir también obligaciones.

Acervo

Se denomina así al total de bienes comunes o indivisos, en especial referidos a una herencia. En otro sentido, se usa el término acervo para indicar el conjunto de normas jurídicas relativas a un tema, país, etc.

Acordar

Tomar una decisión de común acuerdo entre las partes interesadas.

Acrecer

Es el derecho que tienen los coherederos sobre las porciones de la herencia común que quedan vacantes, como consecuencia de no haberlas podido adquirir o haber renunciado a ellas alguno de los coherederos. La parte en que se incrementa la parte de la herencia que ya correspondía a cada coheredero forma una unidad de herencia, no siendo susceptible por tanto de aceptación o repudiación independientes.

Evidentemente, el derecho de acrecer tiene como función llenar el hueco que existiría en los supuestos de que el testador no hubiera previsto el destino de la posible porción de la herencia vacante.

ACREDITAR

Probar o justificar una personalidad, un hecho o una calidad.

ACREEDOR

Persona que tiene acción o derecho para solicitar el pago de una deuda, o bien el cumplimiento de una obligación.

ACTA

Es una relación escrita de los acuerdos adoptados en cualquier junta de propietarios.

ACTA NOTARIAL

Es la que, a instancias de una parte, levanta el notario para dejar debida constancia y fehaciencia de determinados hechos, circunstancias y/o manifestaciones.

ACTIVIDADES DAÑOSAS

Se dice de los actos irresponsables de una o más personas que perjudican al conjunto de la comunidad e inmueble (véase esquema).

ACTIVIDADES INCÓMODAS

Actos de los ocupantes de un inmueble que molestan a los demás vecinos dificultando la convivencia entre ellos (véase esquema).

ACTIVIDADES INSALUBRES

Las causantes de desprendimiento o evacuación de productos que puedan resultar directa o indirectamente perjudiciales para la salud de las personas (véase esquema).

ACTIVIDADES MOLESTAS

Son molestas las actividades que perturben la tranquilidad de los convecinos y que constituyan una incomodidad por los ruidos o vibraciones que produzcan o por los humos, gases, olores, polvos en suspensión u otras sustancias (véase esquema).

ACTIVIDADES NOCIVAS

Aquellas que pueden causar daños a la salud o a los bienes de los vecinos restantes (véase esquema).

ACTIVIDADES PELIGROSAS

Aquellas que tengan como fin fabricar o almacenar productos susceptibles de originar riesgos graves por explosiones, combustiones, radiaciones u otras de análoga importancia para las personas o bienes (véase esquema).

ACTO ADMINISTRATIVO

Resolución, providencia o hecho que adopta una autoridad administrativa en el ejercicio de sus funciones.

ACTO JUDICIAL

La resolución, providencia, auto, mandamiento, diligencia y cualesquiera actuación llevada a cabo por la autoridad judicial en el ejercicio de sus atribuciones.

El acto judicial puede ser: de jurisdicción contenciosa o de jurisdicción voluntaria.

ACTOR/A

Sujeto que ejercita en un proceso judicial una acción o pretensión frente a otro individuo. En un proceso civil adquiere el nombre del demandante; en un proceso penal el de acusador.

ACUEDUCTO

Es la servidumbre que consiste en el derecho de conducción de agua al predio dominante, por medio del predio sirviente, que tiene que sufrirla.

ACUERDO

Resolución adoptada por una o varias personas, que se toma en juntas, así como en juzgados y tribunales.

ACUERDOS DE LA JUNTA

Decisiones que, aprobadas por unanimidad o mayoría en una reunión

ACTIVIDADES DE DIFERENTES TIPOS		
ACTIVIDADES PROHIBIDAS	Dañosas	→ uso inadecuado del ascensor
	Incómodas	→ instalación de salida de humos particular
	Insalubres	→ acumulación de basura
	Molestas	→ ruidos a altas horas de la noche
	Nocivas	→ emanaciones químicas
	Peligrosas	→ almacenar material pirotécnico

de la junta, expresan la voluntad de la comunidad de propietarios del inmueble, sobre asuntos de su incumbencia.

ADHESIÓN CONTRACTUAL

Es la acción que ejercita una parte en los denominados contratos-tipo, de adherirse a las condiciones y pactos propuestos por la otra parte, para lograr una mayor agilidad y rapidez comercial.

Por ejemplo, los contratos en los que se concierta el suministro de agua, electricidad, etc.

ADMINISTRADOR

Persona que cuida y dirige bienes ajenos.

Los administradores pueden ser legales, es decir, los que lo son por ministerio de la ley (el tutor lo es de los bienes del menor), y voluntarios, bien en virtud de mandato aceptado o bien sin él.

ADMINISTRADOR DE FINCAS

Persona encargada de la administración de fincas rústicas y urbanas, en virtud de mandato de sus propietarios.

Para el ejercicio de la profesión se debe estar en posesión del correspondiente título y estar colegiado.

ADQUIRENTE

El que se erige en dueño o propietario de una cosa que antes no le pertenecía. En nuestro caso, las viviendas y locales de un edificio.

AFITAR

Colocar fitos o mojones, para señalar los límites de una finca.

AGREGACIÓN (DE FINCAS)

Operación registral que consiste en añadir, a una finca preexistente y que continúa con los mismos datos en el Registro, otras, o parte de otras. Para que sea posible legalmente, es necesario que la finca absorbente tenga, por lo menos, una superficie cinco veces mayor que la suma de las que se le agregan (sean fincas enteras o partes segregadas de otras). De lo contrario, deberá practicarse una agrupación.

AGRUPACIÓN (DE FINCAS)

Operación registral que consiste en la unión de dos o más fincas, o partes de ellas, para formar otra nueva, independiente. Si se agrupan varias fincas enteras, en el Registro debe tomarse nota marginal en cada una de ellas para que dejen de existir como tales. La finca resultante de la agrupación pasa de este modo a convertirse en una nueva unidad registral, con un nuevo folio y numeración diferente de las agrupadas.

Para que pueda llevarse a cabo la inscripción de una agrupación de fincas en el Registro, deben cumplirse las siguientes condiciones: *a*) las fincas que se desea agrupar deben estar previamente inmatriculadas; *b*) si pertenecen a diferentes propietarios, deben solicitarlo todos ellos; y *c*) si se trata de una agrupación física, las fincas deberán ser colindantes y, en caso contrario (agrupación formal), todas ellas tienen que depender de una unidad de explotación o de un edificio al que estén subordinadas.

ALEATORIO

Contrato recíproco que depende de algún suceso casual, indeterminado en cuanto al tiempo y a las pérdidas o ganancias. Son contratos aleatorios, entre otros, los de seguro.

ALEGATO

Escrito en el cual el abogado defiende las razones en que funda el derecho de su cliente, a la vez que impugna o rebate las de la parte contraria.

ALÍCUOTA

Parte proporcional.

ALIENACIÓN

Enajenación.

ALLANAMIENTO DE MORADA

Entrar en casa ajena contra la voluntad de sus ocupantes.

Constituye un delito previsto dentro del Código Penal.

ALQUILAR

Arrendar. Dar o tomar alguna cosa para usar de ella con ciertas condiciones y a cambio de un precio.

ALQUILER

Precio estipulado que se da al dueño de aquello que se alquila.

ALUMBRADO

Sistema de iluminación artificial por medio de bombillas o neones.

El alumbrado situado en el vestíbulo, escaleras, rellanos, descansillos, patios, jardines, piscinas y otros elementos de uso colectivo tiene la consideración de instalación común.

Los gastos que origine el consumo de la electricidad, mantenimiento y reparaciones son considerados comunes.

Aluminosis

Patología que pueden sufrir ciertos tipos de hormigón de fraguado rápido, por efecto de la humedad u otros agentes, y que determina la pérdida de resistencia de vigas, pilares y otros elementos estructurales del edificio.

Amigable composición

Tramitación extrajudicial de una cuestión surgida entre dos o más personas para su resolución mediante sometimiento a la decisión de árbitros elegidos por los afectados.

Amillaramiento

Relación numerada y alfabética de los dueños de bienes, especialmente inmuebles, que haya en cada término municipal, con indicación detallada de los diversos componentes de dichos bienes. El amillaramiento sirve de base para exacciones fiscales.

Amojonamiento

Acción y efecto de señalar los lindes de una finca con mojones o fitas.

Androna

Espacio a modo de pasillo que se sitúa entre diferentes fincas en el que no se puede edificar por existir una servidumbre de luces.

Anexionar

Anexar. Adjuntar, agregar, unir una cosa a otra de mayor importancia o principal.

Animales

El dueño de un animal es responsable de los daños y perjuicios que este pueda causar a otras personas o a sus bienes, y está obligado a indemnizarlas económicamente aunque el animal se haya escapado, excepto por razones de fuerza mayor. Los estatutos de la comunidad pueden prohibir la tenencia de animales domésticos en las viviendas y locales del edificio.

Anotación preventiva

Asiento o inscripción de carácter provisional que se hace en los libros del Registro de la Propiedad para asegurar el cumplimiento de resoluciones judiciales que afectan a bienes inmuebles.

Anulable

Acuerdo de la junta contrario a la ley o los estatutos de la comunidad, o aprobado por la mayoría con la sola intención de perjudicar a las minorías, sin provecho alguno para la comunidad.

ANULAR

Acto mediante el cual el juez invalida o deja sin efecto un acuerdo aprobado por la junta, por ser anulable o radicalmente nulo.

APARCAMIENTO

Espacio destinado al estacionamiento de vehículos. Puede estar situado en el exterior del edificio, o en el sótano del mismo, y su consideración como elemento común o privativo depende de lo estipulado al respecto en el título constitutivo de la propiedad horizontal.

APAREJADOR

Anterior denominación profesional de los actuales arquitectos técnicos. En la construcción de edificios se responsabiliza, siempre a las órdenes del arquitecto, de la administración y supervisión de la obra.

APARTAMENTO

Parte de una planta de un edificio que constituye una vivienda independiente, con acceso a algún elemento común (rellanos, escaleras, vestíbulo, patios) o a la vía pública.

APEAR

Deslindar, fijar o acotar los límites de una propiedad señalándolos con fitas, mojones o cualquier otro medio.

APROBACIÓN (DE ACTAS)

Confirmación por parte de los asistentes a una junta de que el contenido del acta refleja fielmente la asistencia, las intervenciones y el resultado de las votaciones realizadas en la misma.

APROBACIÓN (DE ACUERDOS)

La aprobación de acuerdos relativos a la modificación del título constitutivo o los estatutos, o que afecten a los elementos comunes del edificio, sólo puede hacerse por unanimidad y los de ordinaria administración exigen la mayoría absoluta. Por mayoría simple se puede acordar la eliminación de barreras arquitectónicas. El establecimiento o supresión de servicios requiere el voto favorable de los 3/5 de los propietarios y de las cuotas. Para la instalación de nuevos sistemas de telecomunicaciones, el aprovechamiento de energía solar, etc., es necesario el voto a favor de 1/3 de las cuotas (véase esquema en página siguiente).

APROBACIÓN DE ACUERDOS

RÉGIMEN DE MAYORÍAS

Modificación de los estatutos   ⟶   unanimidad

Establecimiento/supresión de servicios ⟶ 3/5 partes del total de propietarios que, a su vez, representen las 3/5 de las cuotas

Eliminación de barreras arquitectónicas⟶ Mayoría de los presentes que, a su vez, representen la mayoría de las cuotas

Instalación de nuevos sistemas de telecomunicaciones, aprovechamiento de energía solar, sistemas energéticos colectivos, etc. ⟶ 1/3 parte de las cuotas (los propietarios que no voten a favor no estarán obligados al pago de estos servicios)

Acuerdos de administración ordinaria⟶ En primera convocatoria: mayoría absoluta

En segunda convocatoria: mayoría simple

APROBAR

Dar por buena alguna cosa. Confirmar lo realizado por otra persona. Consentir.

APROPIACIÓN INDEBIDA

Delito que comete quien, habiendo recibido en depósito o administración cualquier clase de bienes ajenos, niega su devolución o su recepción. Pueden incurrir en este delito los que detentan un cargo en la comunidad.

APUNTALAR

Colocar puntales para evitar el posible derrumbamiento de un muro que amenaza ruina.

ARBITRAJE

Facultad conferida por la ley, o por la voluntad de las partes, a un particular (árbitro) para que, según su leal saber y entender —en el arbitraje de equidad— o con arreglo a las leyes —en el arbitraje de derecho— resuelva sobre la cuestión que le es sometida.

Así, las partes se comprometen a aceptar su fallo.

ÁRBOLES

En los edificios con jardín, la comunidad tiene la obligación de podar las ramas de los árboles, y de talarlos cuando su caída pueda representar un riesgo por su proximidad a lugares de paso. Los gastos que ello ocasione corren a cargo de toda la comunidad.

Si un árbol cae por no haber sido talado a tiempo, la comunidad será responsable de los daños y perjuicios causados.

ARQUITECTO

Técnico superior, licenciado en Arquitectura e inscrito en el correspondiente colegio profesional.

El arquitecto está facultado para proyectar y dirigir obras de nueva planta y reformas que afecten a la estructura y el aspecto exterior de los edificios.

ARQUITECTO TÉCNICO

Denominación actual de los antiguos aparejadores.

Técnico de grado medio que, tras cursar la correspondiente carrera universitaria e inscribirse en su colegio profesional, controla, como auxiliar del arquitecto, que se cumplan las órdenes de este relativas a la ejecución del proyecto, que la obra lo refleje fielmente, que los materiales utilizados sean de la calidad adecuada y que en la obra se respeten las normas de seguridad e higiene en el trabajo.

El arquitecto técnico puede proyectar y dirigir personalmente obras que no requieran la intervención de un arquitecto y trabajos de demolición, así como realizar mediciones, valoraciones y peritaciones por encargo de sus clientes.

ARRENDADOR

Propietario o usufructuario de una finca que la cede a otra persona, temporalmente, en régiment de arrendamiento.

ARRENDAMIENTO

Contrato mediante el cual alguien se obliga a ceder temporalmente, a cambio de un precio, el uso o disfrute de cosas, la prestación de servicios o la ejecución de una obra.

ARRENDATARIO

Persona que recibe una finca en arrendamiento, a cambio de pagar la renta convenida. En el caso de arrendamiento de viviendas, el arrendatario recibe el nombre de inquilino.

ASCENSOR

Elemento común de acceso al edificio que suele comprender, además del aparato —ascensor o montacargas—, el entramado de sustentación de poleas y maquinaria, foso y el cuarto de máquinas, en la parte inferior y superior del recorrido, puertas de acceso, línea general para alimentación del ascensor, cuadro de distribución, etc.

ÁTICO

Piso superior existente en muchos edificios, normalmente retranqueado respecto a los demás, con lo cual, a cambio de disponer de una terraza más amplia, pierde alguna habitación, o es de dimensiones más reducidas. En todo caso, tanto la cubierta del ático como su terraza son elementos comunes del edificio. Su conservación y reparaciones corren a cargo de la comunidad, no de su dueño. En contrapartida, este no puede alterarlos sin consentimiento unánime de la comunidad, y debe consentir las obras que sean necesarias para instalar y/o reparar otros elementos comunes (conducciones, antenas de televisión, etc.).

AYUNTAMIENTO

Corporación compuesta por el alcalde y un determinado número de concejales cuyo fin es la gestión, administración y buen gobierno del municipio. Representa a sus habitantes ante cualquier organismo del Estado, entidades o personas. Edificio y dependencias donde se desarrollan las funciones de gobierno y administrativas de la corporación municipal.

AZOTEA

Cubierta llana de un edificio, a la que pueden acceder todos los vecinos indistintamente. Es siempre un elemento común.

AZULEJOS

Placas o losetas de material cerámico, generalmente cuadradas o rectangulares, que se utilizan para el revestimiento de las paredes de cocinas y cuartos de baño, y también como elementos decorativos en vestíbulos, patios, portales, etc.

B

BAJANTE

Conducto formado por tubos impermeables, colocados generalmente en sentido vertical y sujetos a las paredes por medio de abrazaderas, por donde bajan las aguas sucias de los baños y cocinas, o el agua de lluvia procedente de las cubiertas.

BALCÓN

Los balcones situados en la fachada del edificio son elementos comunes del mismo, aunque sólo puedan ser utilizados por el propietario de cada vivienda.

Este, sin consentimiento unánime de la comunidad, no puede realizar modificaciones o reformas en los mismos.

BARRERAS ARQUITECTÓNICAS

Elementos arquitectónicos que representan un obstáculo que impide o dificulta el acceso o utilización del edificio a personas que padezcan alguna minusvalía, tales como escaleras, escalones, desniveles, accesos y pasillos estrechos, ascensores y cuartos de baño no accesibles con sillas de ruedas, etc. (véase esquema en página siguiente).

BASURAS

Los porteros y conserjes suelen ofrecerse a recoger las basuras de los pisos a cambio de una remuneración mensual. No están obligados a realizarlo, y los inquilinos tampoco están obligados a aceptarlo. En los estatu-

BARRERAS ARQUITECTÓNICAS

OBRAS CON FINALIDAD DE SUPRESIÓN DE BARRERAS ARQUITECTÓNICAS

Implican modificación del título constitutivo	Implican modificación de los estatutos	No implican modificación del título constitutivo	No implican modificación de los estatutos

Voto favorable de la mayoría de los propietarios que, a su vez, representen la mayoría de las cuotas de participación

Se considera que votan a favor los ausentes que no se opongan expresamente al acuerdo (30 días naturales)

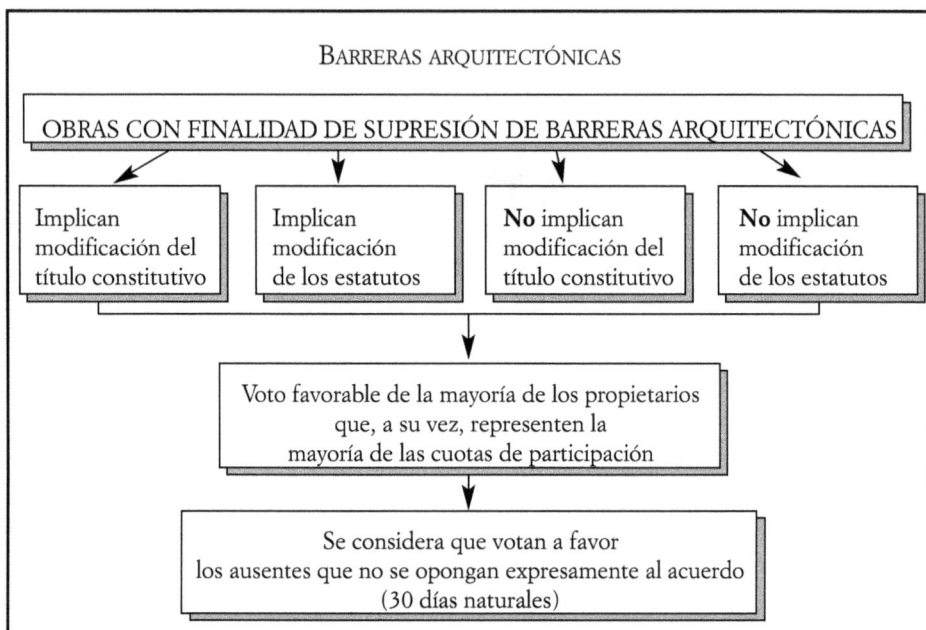

tos y reglamentos de la comunidad pueden establecerse normas sobre la forma, horarios, y otras cuestiones relacionadas con la recogida de basuras. Al redactarlas, deben tenerse en cuenta las disposiciones existentes en las ordenanzas municipales de la localidad.

BENEFICIARIO

Con este término, y de forma general, se entiende el que disfruta de algún beneficio. Se usa en supuestos como: póliza de seguro (la persona a quien beneficia); herencia (determinados herederos); en Derecho labo-ral (beneficiario de la Seguridad Social, de prestaciones por desempleo, etcétera).

BENEFICIO DE INVENTARIO

Es una forma de limitar la responsabilidad del heredero. Mediante el beneficio del inventario, el heredero consigue que el patrimonio del causante que hereda permanezca separado del patrimonio particular suyo (del heredero) hasta que se haya pagado a todos los acreedores del causante, a los legatarios y a los legitimarios. Todo heredero puede aceptar la herencia a beneficio de inventario, aunque el testador lo hubiese prohibido. La aceptación de herencia a beneficio de inventario puede hacerse ante notario, o por escrito ante cualquiera de los jueces que sean competentes para prevenir el juicio de testamentaría o *ab intestato*. La declaración de aceptación de herencia a beneficio de inventario debe acompañarse de un inventario fiel y exacto de todos los bienes de la herencia.

BIENES

Todo aquello que es útil y valioso para el hombre y especialmente lo que constituye su patrimonio.

BIENES AB INTESTATO

Son los que deja el causante que fallece sin testamento; también cuando el testamento es nulo o haya perdido su validez, o cuando el testamento no contiene institución de heredero en todo o en parte de los bienes. Igualmente se dan cuando el heredero muere antes que el testador o repudia la herencia sin tener sustituto y sin que haya lugar al derecho de acrecer, o el heredero instituido sea incapaz de suceder.

BIENES COMUNALES

Son los que pertenecen al común de una población. Son bienes municipa-les patrimoniales de dominio municipal, cuyo aprovechamiento y disfrute pertenece a los vecinos de ese municipio.

BIENES COMUNES

Los que pertenecen en forma indivisa a varias personas.

BIENES DE DOMINIO PÚBLICO

Son bienes destinados al uso público: caminos, puentes, ríos, puertos, canales, riberas, playas, mar continental, etc.

Además de estos bienes, son también de dominio público los que pertenecen privativamente al Estado y que, sin ser de uso común, están destinados a algún servicio público o al fomento de la riqueza nacional: obras de defensa nacional, algún tipo de minas, etc.

BIENES FUNGIBLES

También llamados consumibles, son bienes que se consumen al ser utilizados. El Código Civil considera que son bienes fungibles aquellos de los que no puede hacerse el uso adecuado a su naturaleza sin que se consuman, considerando que el resto de bienes muebles que no están incluidos en el apartado anterior no son fungibles.

Bienes gravados

Aquellos sobre los cuales existe algún derecho real o gravamen, como censo, usufructo, hipoteca, etc.

Bienes indivisibles

Son los que no son susceptibles de división o aquellos en que, en caso de producirse, la división daría lugar a su destrucción o deterioro. En los supuestos de cosas esencialmente indivisibles que pertenezcan a varios dueños y estos no lleguen a ningún acuerdo para adjudicarlas a un solo dueño, indemnizando a los demás, las cosas indivisibles deben venderse y repartir su precio entre los condueños.

Bienes inembargables

Son bienes inembargables los siguientes: salarios (hasta el porcentaje que indique la ley en cada momento); lecho cotidiano y ropas de uso preciso del deudor y su familia; viviendas que sean de protección oficial y prestaciones de seguros obligatorios.

Los bienes inembargables, como la propia palabra indica, no son susceptibles de embargo y, si por error tal cosa sucediera, el deudor puede alegar su carácter de inembargable, recurriendo la ejecución.

Existen supuestos específicos de inembargabilidad de bienes que están, en todo caso, previstos por la ley.

Bienes inmuebles (o bienes raíces)

Son los que no se pueden mover o transportar, sin su destrucción o deterioro. El Código Civil incluye, entre los bienes considerados inmuebles, las tierras, edificios, caminos y construcciones de todo género adheridas al suelo; los árboles y plantas y los frutos pendientes, mientras estuvieren en la tierra o formaren parte integrante de un inmueble; todo lo que está unido a un inmueble de manera fija; las minas, canteras y escoriales mientras su materia permanece unida al yacimiento; las aguas vivas o estancadas, etc.

Bienes municipales

Son bienes que pertenecen al patrimonio municipal. Según su aprovechamiento, pueden ser: bienes de dominio público, destinados al uso o servicio público (caminos, calles, plazas) y patrimoniales, que pueden ser propios y comunales, según estén o no destinados al uso y servicio de los vecinos.

Bienes parafernales

Son los bienes que lleva la mujer al matrimonio como suyos, con exclusión de los dotales. Igualmente son parafernales los bienes que adquiere después de constituida la dote, pero que no son agregados a la misma. El marido no puede ejercitar acciones de ninguna clase respecto de los bienes parafernales, sin intervención o consentimiento de la mujer. Los frutos de los bienes parafernales forman parte del haber conyugal (sociedad de gananciales) y están sujetos a levantar las cargas del matrimonio.

BIENES PRO INDIVISO

Las cosas o derechos que pertenecen de forma común y conjunta a varias personas.

BUENA FE

Es una convicción o presunción de actuar de forma lícita. La buena fe se presume siempre. La buena fe rige el ordenamiento jurídico privado, entendiendo que todos los negocios jurídicos deben hacerse bajo la presunción de buena fe. Dada la importancia de la misma, se ha catalogado una serie de conductas contrarias a la buena fe: la actuación contraria a los propios actos del titular; el abuso del acto de nulidad por motivos de forma; la negativa a cumplir una obligación por faltar una parte ínfima de la prestación debida; y el retraso desleal. Por otra parte, la buena fe se califica de subjetiva cuando se refiere a la intención de las partes, y de objetiva cuando se refiere a la producción de conductas que se ajusten a las reglas admitidas como honestas.

BUHARDILLA

Habitación que en algunos edificios se sitúa bajo el tejado. Si se utiliza como cuarto trastero puede ser considerada como anexo de una vivienda o local e inseparable de este, estimándose un elemento privativo.

C

CABEZA DE FAMILIA

Es la persona que, jurídicamente considerada, es el núcleo de la familia. Habitualmente, es el padre, también la madre, el hijo mayor (en ausencia de ambos) u otra persona legalmente capacitada. El cabeza de familia es responsable de la familia en la que ostenta el título. Así, debe responder de las acciones y daños o perjuicios que se deriven de las actuaciones realizadas en la vivienda que ocupa su familia, así como de las cosas que se caigan o se arrojen de la misma al exterior.

CABIDA

Término jurídico que designa el espacio o cavidad o capacidad para contener otra cosa. Igualmente designa la extensión superficial de un terreno. La palabra cabida acompaña todos los expedientes judiciales relacionados con la proporción real o legal de una determinada finca o terreno.

CABILDO

En el archipiélago canario, corporación local que asume la administración de cada una de las islas.

CADUCIDAD

Pérdida o extinción de un derecho, de una acción o de una cosa, como consecuencia de haber transcurrido un plazo de tiempo determinado.

Caducidad de asiento registral

Determinadas inscripciones se extinguen por el transcurso del tiempo: la inmatriculación mediante título público de adquisición, cuando no se presentan en el Registro los edictos debidamente diligenciados en el plazo de tres meses; la inscripción de hipoteca caduca a los treinta años sin haber sido interrumpida su prescripción o ejercitada la acción hipotecaria; las notas marginales previstas en las disposiciones legales; y los asientos de presentación.

Caducidad de la instancia

Es la presunción legal de abandono por los litigantes, de la acción o recurso interpuestos, cuando en el transcurso de determinado plazo se abstienen de toda acción judicial. Los plazos de caducidad contarán siempre desde la última actuación o notificación. Una vez vencido el plazo de caducidad sin haberse realizado el acto procesal que procediese, este se extingue en virtud de la ley. Si el acto por realizar fuese un recurso y se extinguiera el plazo fijado para su interposición sin hacerlo, la sentencia recurrible sería firme.

Calificación registral

Examen y comprobación que hace el registrador de la legalidad de las escrituras y documentos que se presentan en el Registro de la Propiedad, en solicitud de inscripción.

Cámara de la propiedad urbana

Institución de carácter oficial constituida para fomentar, promover y defender los intereses de la propiedad urbana.

Cancelación de asiento registral

Es la declaración de extinción de un asiento registral por otro asiento posterior. Hay cancelación total en los casos siguientes: extinción del inmueble o del derecho inscrito, nulidad del título en que se fundó el asiento registral; y nulidad de la inscripción por falta de requisitos formales.

Hay cancelación total cuando se produce una reducción física del inmueble o una disminución del derecho inscrito. La cancelación debe practicarse por medio de escritura pública, resolución judicial y consiguiente mandamiento al registrador.

Cancelar

Anular, invalidar un instrumento público, una inscripción registral, un documento, una obligación o un derecho que tenía autoridad o fuerza.

CARGA

Gravamen impuesto sobre bienes raíces.

CARGOS

En toda comunidad de propietarios de un edificio debe existir necesariamente un presidente que la represente, en juicio y fuera de él. Además, la Ley de Propiedad Horizontal regula las funciones del secretario y del administrador, caso de que existan por disposición estatutaria o acuerdo de la junta. Por esos mismos procedimientos, pueden crearse otros cargos, tales como vicepresidente, tesorero, delegados, etc., pero pocas comunidades lo hacen, porque no suelen ser necesarios (véase esquema).

CATASTRO

Registro público que contiene la cantidad, calidad y estimación de las fincas rústicas y urbanas que posee cada persona y que sirve de base para el reparto de contribuciones. La formación del catastro comprende varios procesos: trabajos topográficos, trabajos de valoración y conservación, y de valoración y rectificación progresiva de los anteriores. Mediante los datos suministrados en las primeras etapas del catastro se obtiene el llamado avance catastral, que es de utilización previa al definitivo

CÉDULA DE NOTIFICACIÓN

Documento por el que la autoridad judicial comunica a los interesados las providencias, autos o sentencias.

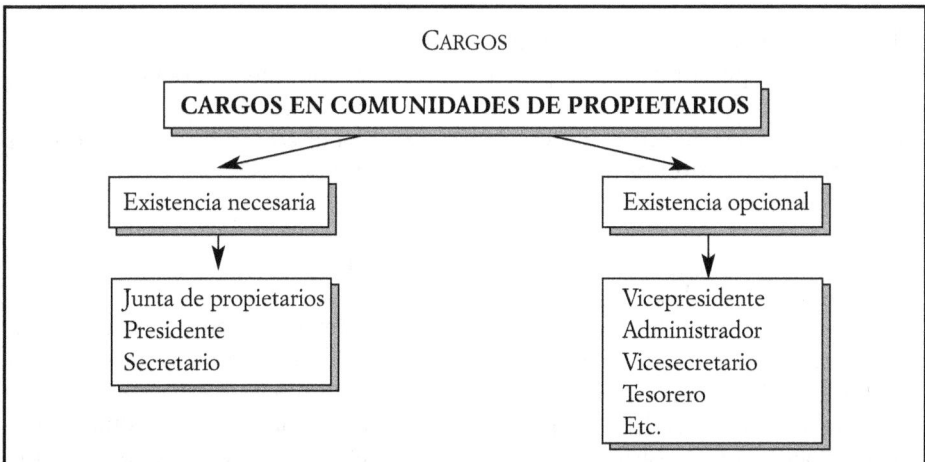

CARGOS

CARGOS EN COMUNIDADES DE PROPIETARIOS

Existencia necesaria

Junta de propietarios
Presidente
Secretario

Existencia opcional

Vicepresidente
Administrador
Vicesecretario
Tesorero
Etc.

CENSALISTA

Persona con derecho a percibir el canon de un censo.

CENSATARIO

Persona que paga pensión o canon en el Derecho Real de Censo.

CENSO

Esta palabra tiene dos acepciones: como gravamen, bien sea el Derecho Real de Censo, y como el canon que se paga.

Padrón o lista de habitantes de un país o región. Puede entenderse también por censo una nómina o relación.

CENSO ENFITÉUTICO

Tiene lugar un censo enfitéutico cuando una persona cede a otra el dominio útil de una finca, reservándose el dominio directo y el derecho a percibir del enfiteuta una pensión anual en reconocimiento del dominio.

El propietario que transmite se denomina dueño directo o censualista, y el que adquiere la propiedad útil es el enfiteuta o dueño útil. La pensión puede fijarse en frutos o dinero. El censo enfitéutico debe constituirse en documento público.

CERTIFICACIÓN DE DOMINIO

Consiste en la obtención de una inscripción librada por el funcionario competente, en la que conste el título de obtención o adquisición de bienes inmuebles que algunos órganos del Estado y corporaciones pueden inscribir en el Registro, aunque carezcan de título escrito de dominio sobre los bienes que pretenden inscribir y que consiguen con la certificación de dominio.

CESAR

Dejar de desempeñar algún empleo o cargo.

Tanto los que ostentan los cargos de la comunidad como los empleados de la misma pueden ser cesados por acuerdo de la junta o asamblea.

CESIÓN

Transmisión que una persona realiza, a favor de otra, de alguna cosa, derecho o facultad, gratuitamente o bien a cambio de algo.

CHEQUE

Documento que contiene la orden de pago que sirve para retirar fondos de una cuenta bancaria.

Para su validez debe reunir determinados requisitos, como son: autenticidad de la firma del librador, no presentar enmiendas ni tachaduras, fijar la cantidad que se debe satisfacer, así como su fecha, y primordialmente, la cuenta debe tener los fondos suficientes para poder cubrir su importe.

Cheque barrado

El que no puede ser cobrado en efectivo, sino que debe ser ingresado en la cuenta corriente del tenedor.

Cheque conformado

La entidad bancaria expresa que existen fondos en la cuenta para cubrir su importe y se compromete a retenerlos hasta que se presente al cobro.

Cimentación

Parte del edificio que queda bajo tierra y que transmite al terreno sobre el que se asienta el peso o la carga que soporta.

Claraboya

Ventana abierta en el techo o en la parte alta de las paredes. Porción vidriada de un suelo para permitir el paso de luz al inferior. En ambos casos, suelen ser de material traslúcido.

Clasificación del suelo

El suelo municipal se clasifica teniendo en cuenta si existe o no un plan de ordenación. Si existe un plan de ordenación, se establecen tres clases de suelo: suelo urbano (que está ya urbanizado o en los programas de urbanización; el suelo urbano apto para la edificación se llama solar); suelo de reserva urbana (es el comprendido en un plan general de ordenación para ser urbanizado y para ser recalificado como suelo urbano); y suelo rústico (es el no incluido en las dos clases anteriores).

Si no existe un plan de ordenación, se establece la siguiente distinción: suelo urbano, que es el terreno comprendido en un perímetro edificado en un porcentaje determinado; y suelo rústico, que es el no incluible en el anterior.

Código

Conjunto de disposiciones legislativas que abarcan una rama del Derecho, expuestas de forma sistemática. Entre los códigos más importantes figuran el Código Civil, el penal, el de comercio o mercantil, el canónigo, etc.

Coeficiente

En la propiedad horizontal, cuota proporcional de participación de los copropietarios en los elementos comunes de la totalidad de la finca y en los gastos que de su conservación y administración se deriven.

COLACIÓN DE BIENES

Es la manifestación que debe hacer obligatoriamente el heredero o herederos de los bienes recibidos en vida del causante, al proceder al inventario y partición de la herencia del mismo, para que sean tenidos en cuenta en las operaciones divisorias y, en especial, en el cálculo de legítimas y mejoras. Si entre los coherederos surgiese alguna contienda sobre la obligación de colacionar o sobre los objetos que han de traerse a colación, no por eso dejaría de proseguirse la colación, prestando la correspondiente fianza.

COLINDANTE

Vivienda o local que linda con el propio, separado por medio de paredes y tabiques (los situados en la misma planta) o del suelo-techo (los inmediatamente superior e inferior). También se aplica a un edificio respecto del adyacente.

COMARCA

En algunas comunidades autónomas, entidades locales de extensión inferior a la provincia y superior al municipio.

COMPETENCIA

Facultad de un juez, tribunal o autoridad administrativa de ocuparse de los asuntos que las leyes les atribuyen. // Principio que inspira la economía liberal, consistente en el derecho a producir los mismos bienes o prestar los mismos servicios que otras empresas, con el fin de que el consumidor tenga más posibilidades para elegir.

COMPETENCIA TERRITORIAL

Es el criterio de elección de competencia en función de la elección de un área geográfica determinada con preferencia a otras también posibles. En general, es preciso conocer antes la competencia por razón de materia para escoger la territorial.

COMPRAVENTA DE FINCA HIPOTECADA

El cambio de dueño no afecta la garantía de hipoteca, que subsiste, por lo que un pacto necesario es subrogar al comprador en la deuda hipotecaria, si no se establece el pago de la finca más el valor de la hipoteca de una sola vez, en cuyo caso la finca quedaría liberada del gravamen.

COMPRAVENTA CON PACTO DE RETRACTO

Tiene lugar cuando el vendedor se reserva el derecho de recuperar la cosa vendida reembolsando al comprador el precio de la venta, los gastos del contrato, cualquier otro pago legítimo hecho para la venta y los gastos necesarios y útiles hechos en la cosa vendida. El derecho de retracto durará cuatro años, salvo pacto expreso, desde la fecha del contrato. Cuando se estipule otra cosa, el plazo no podrá exceder de diez años.

COMÚN

Dícese de lo que pertenece o es compartido por varias personas que lo disfrutan sin ser propiedad exclusiva de ninguna de ellas.

COMUNERO

Persona que tiene en común con otras un derecho o una cosa. Copropietario.

Apertura de puertas que permitan pasar de una vivienda o local al colindante, si pertenecen al mismo dueño. Si en el Registro no se traduce en una agrupación de fincas, sino que siguen constando como independientes, para abrir puertas de comunicación entre ellas no es necesario el consentimiento de la comunidad.

COMUNIDAD

Conjunto de los copropietarios de un edificio en régimen de propiedad horizontal.

COMUNIDAD DE BIENES

Es la propiedad pro indiviso de varias personas sobre una cosa o un derecho. A falta de contratos o disposiciones especiales, se rige por las prescripciones del Código Civil.

COMUNIDADES ESPECIALES

Son las que se rigen por normas del Código Civil diferentes de las que este dedica a las comunidades ordinarias, o por otras leyes distintas. La propiedad horizontal es un tipo de comunidad especial.

COMUNIDADES ORDINARIAS

Son las que están reguladas por las normas generales del Código Civil sobre comunidades de bienes. Serán de aplicación si una vivienda o local pertenece pro indiviso a dos o más personas. Estas comunidades carecen de cargos y su gestión y administración se lleva a cabo por medio de un acuerdo de quienes ostenten la mayoría de las cuotas o partes de la comunidad. Para disponer o transformar la cosa común se requiere el acuerdo unánime de los copropietarios. Cualquiera de estos puede pedir en cualquier momento la división de la cosa común o su venta, repartiéndose las ganancias.

COMUNIDADES REDUCIDAS

Comunidades de vecinos compuestas de cuatro copropietarios o menos, cuya gestión no se rige por la Ley de Propiedad Horizontal sino por las normas del Código Civil, como las comunidades ordinarias.

CONDOMINIO

Es la propiedad de una cosa que pertenece a varias personas. Los copropietarios o condóminos tienen derecho al uso y disfrute de la cosa común y están obligados a su conservación de forma proporcional a su mayor o menor propiedad sobre el condominio.

CONDUCCIONES

Las conducciones generales de agua, gas, electricidad, teléfono, portero electrónico, antena colectiva de televisión, etc., son elementos comunes del edificio, incluso aquellos tramos de las mismas que circulen por el interior de alguna de las viviendas o locales. El dueño de estos no puede alterar su trazado, ni mucho menos

destruirlos, sin contar con el consentimiento unánime de la comunidad.

CONDUEÑO

El que es propietario, en común con otras personas, de algún bien o derecho.

CONFISCAR

Es el medio que tiene la Administración pública de adjudicarse bienes que son de propiedad privada. Desde el punto de vista económico, la confiscación consiste en una expropiación sin indemnización.

CONSERJE

Empleado de fincas urbanas con funciones similares a las del portero, pero que no dispone de vivienda en el edificio, por lo que su horario laboral es más reducido.

CONSERVACIÓN

Trabajos y obras de poca envergadura para reparar pequeños desperfectos causados por el uso normal o el simple paso del tiempo. Los gastos de conservación de los elementos comunes del edificio corren a cargo de la comunidad, aunque estén situados en el interior de una de las viviendas.

CONSTITUIR

Fundar. Establecer.

Dar lugar a la formación de una sociedad, asociación, entidad corporativa, comunidad de propietarios, etcétera.

CONSTRUCTOR

Persona o sociedad que asume el compromiso de ejecutar las obras de un edificio, con sujeción al proyecto elaborado a tal fin.

CONTRACTUAL

Procedente o derivado de un contrato o relativo al mismo.

CONTRATAR

Llevar a cabo un acuerdo de voluntades, de forma libre, con otra u otras personas.

Dicho acuerdo normalmente supone asumir obligaciones y ser acreedor de derechos.

CONTRATISTA

Persona física o sociedad que se compromete a realizar alguna obra de construcción por encargo de otra, a cambio de un precio (véase *Arrendamiento*).

CONTRATO

Pacto o convenio. Negocio jurídico por el que dos o más personas acuerdan crear entre sí una serie de compromisos y obligaciones, referentes a derechos y servicios.

El presidente de la comunidad puede celebrar toda clase de contratos en nombre de esta, si así le ha sido encomendado por acuerdo de la junta.

Pero si se extralimita en sus funciones o actúa de mala fe, será él quien resulte responsable de cumplir lo contratado, no la comunidad.

CONTRATO ALEATORIO

También conocido como de suerte; es el contrato en virtud del cual una de las partes, o ambas recíprocamente, se obligan a dar o hacer alguna cosa en equivalencia de lo que la otra parte ha de hacer o dar para el supuesto de un acontecimiento incierto o que ha de ocurrir en tiempo indeterminado.

CONVIVENCIA

Acción de vivir en compañía de otra u otras personas, bien sean familiares, o no. La prueba de la convivencia, o bien la falta de la misma, tiene especial trascendencia en cuestiones de arrendamientos urbanos para dar lugar a su subrogación legal.

CONVOCATORIA

Escrito por el que el presidente de la comunidad cita a los copropietarios a una reunión de la junta, indicándoles el lugar, día y hora donde se va a celebrar, y el orden del día o relación de los asuntos que se tratarán en la misma (véase esquema).

COPIA

Reproducción o traslado de un escrito o documento. La copia legalizada o autentificada de un documento tiene el mismo valor y la eficacia que el original.

COPROPIEDAD

Propiedad que pertenece en común a varias personas.

COPROPIETARIO

El que tiene la propiedad de una cosa juntamente con otro u otros.

CORNISA

Parte superior del cornisamento de un edificio o habitación. Moldura que cubre el ángulo formado por el cielo raso y las paredes.

CONVOCATORIA

CONVOCATORIA A JUNTA GENERAL ORDINARIA

Doña Antonia Font Mallorquín, Presidente de la Junta de Propietarios correspondiente al edificio en régimen de propiedad horizontal sito en la calle Alegría, n.º 89, de la localidad de Inca, convoca a los propietarios a la JUNTA GENERAL ORDINARIA, que tendrá lugar el próximo día 30 de junio a las 21 horas en primera convocatoria y a las 21.30 horas en segunda, en el vestíbulo de la finca, con el siguiente orden del día:

1. Lectura y aprobación, si procede, del acta de la reunión anterior.
2. Examen y aprobación, si procede, del estado de cuentas del ejercicio 2006.
3. Presupuesto del año 2007 y aprobación si procede.
4. Ruegos y preguntas.

V.º B.º   El Secretario
El Presidente

COSTAS

Se denominan así los gastos devengados por las partes en los procedimientos judiciales. Este concepto engloba los derechos y tasas que percibe el Estado, los honorarios de letrado y procurador —en su caso— y cualquier percepción legal establecida.

COTA

Número que indica la altura de un punto sobre un plano tomado como referencia.

COTITULARES

Son las personas que son titulares de una comunidad de bienes. Los derechos reales susceptibles de cotitularidad son: propiedad, usufructo, uso, habitación, servidumbre, hipoteca y prenda. Además, se puede ser cotitular de derechos subjetivos.

CRÉDITO

Jurídicamente se entiende que es el derecho de una persona a recibir de otra algún bien material, generalmente dinero. Derecho que adquiere el que presta o fía alguna cosa, contra el que la recibe. Documento en el que se justifica el derecho que se tiene contra una persona. Préstamo. El presidente puede solicitarlo en nombre de la comunidad, si ha sido autorizado por la junta, a entidades bancarias o a prestamistas particulares.

CRÉDITO HIPOTECARIO

Crédito concedido, generalmente, por cajas de ahorros y entidades bancarias, garantizado por una hipoteca. Este crédito se puede ceder o enajenar a un tercero siempre y cuando se notifique al deudor, se haga en escritura pública y se inscriba en el registro correspondiente.

CUBIERTA

Parte superior de un edificio, que lo aísla del aire situado sobre él (véase *Vuelo*) y lo protege de las inclemencias del tiempo. Puede tratarse de tejados, azoteas, terrazas, claraboyas, etcétera.

En todo caso, la cubierta se considera siempre un elemento común del edificio.

CUENTA CORRIENTE

Contrato suscrito con una entidad bancaria o de ahorro que permite a su titular retirar por medio de cheques los fondos que previamente haya depositado en ella y domiciliar el cobro de recibos, letras de cambio y otros pagos.

CUOTA DE PARTICIPACIÓN

A cada piso o local se atribuirá una cuota de participación con relación al total del valor del inmueble y referida a centésimas del mismo. La cuota servirá de módulo para determinar la participación en las cargas y beneficios por razón de la comunidad.

La cuota expresa un módulo para cargas, el valor proporcional del piso y cuanto a él se considera unido en el conjunto del inmueble, el cual se divide así económicamente en fracciones o cuotas (véase esquema).

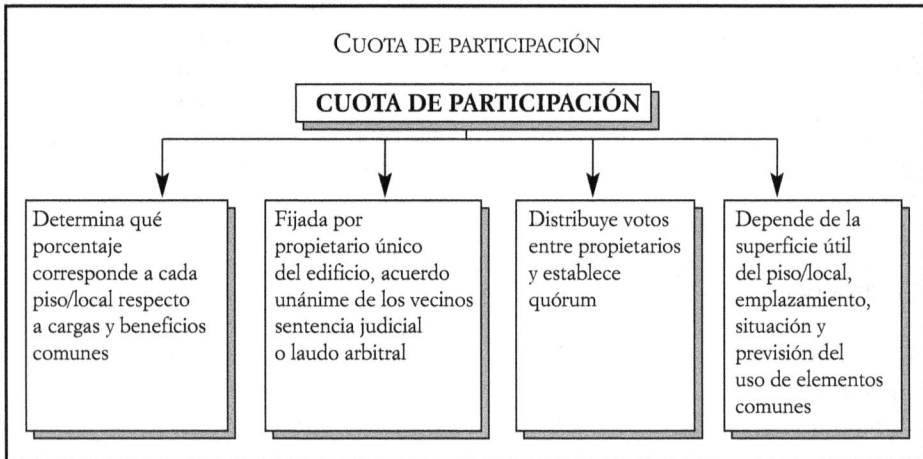

CUOTA DE PARTICIPACIÓN

CUOTA DE PARTICIPACIÓN

| Determina qué porcentaje corresponde a cada piso/local respecto a cargas y beneficios comunes | Fijada por propietario único del edificio, acuerdo unánime de los vecinos sentencia judicial o laudo arbitral | Distribuye votos entre propietarios y establece quórum | Depende de la superficie útil del piso/local, emplazamiento, situación y previsión del uso de elementos comunes |

D

DAMNIFICADO

Persona que sufre daño en su persona o en sus bienes debido a catástrofes naturales, calamidades o guerras.

DAÑO

Mal, detrimento, perjuicio o menoscabo de índole moral o material, sufrido por una persona o cosa, por culpa de otra. En materia penal puede ser considerado como delito o como falta en determinados supuestos, y sancionado como tal.

DAÑOS Y PERJUICIOS

Relación de causa y efecto, puesto que todo daño produce un perjuicio, y todo perjuicio deriva de un daño. Reclamación que se basa en la valoración del daño causado en la persona o en la cosa dañada y en la pérdida de beneficios o utilidades que acarrea.

DATA

Indicación del lugar y fecha completa en que se firma un documento, o se realiza o acontece una cosa determinada.

DEBATE

Discusión o contienda entre varias personas.
Controversia sobre un tema del orden del día de la junta.

DEBER

Obligación. Conducta que puede exigirse de una persona.

DÉBITO

Deuda.

DECISIÓN

Determinación, acuerdo, resolución que se toma o se da ante cosas dudosas, después de reflexionar. Jurídicamente, auto o sentencia en un procedimiento.

DEFECTO

Carencia de las cualidades propias de una cosa. Jurídicamente consiste en el vicio de una cosa que disminuye su valor o que impide su uso propio.

DEFRAUDACIÓN DE FLUIDO ELÉCTRICO

Se comete cuando se toma ilícitamente energía eléctrica ajena mediante la instalación de mecanismos para la utilización fraudulenta, o la alteración fraudulenta de los aparatos contadores.

Está penada esta conducta, dependiendo del grado y de la magnitud del fraude.

DELIBERAR

Examinar detenidamente los pros y contras de una decisión antes de tomarla. Discutir un asunto en una reunión de la junta o asamblea.

DELIMITAR

Véase *Deslinde*.

DELITO

Acción u omisión, realizada intencionadamente o por imprudencia, a la que las leyes penales sancionan con una pena grave. Una comunidad de propietarios, como tal, no puede cometer delitos, ya que sólo las personas físicas, individualmente, pueden ser delincuentes. Pero sí pueden hacerlo el presidente, el secretario y el administrador, en el ejercicio de sus cargos (apropiación indebida, falsificación de documentos, cheques en descubierto, etc.).

DEMANDA

Ruego, petición, escrito con el que se inicia un procedimiento judicial ante el juez o tribunal competente. En el mismo se debe hacer constar el nombre y circunstancias personales del demandante, la relación numerada de los hechos, así como los fundamentos legales en los que se basa la acción formulada, fijar con claridad y precisión lo que se pide y el nombre de la persona contra quien se dirige la demanda, además de expresar la clase de acción que se ejercite cuando por ella se determine la competencia.

DEMANIALES

Dícese de los bienes de dominio público. Son los pertenecientes al Estado, a una comunidad autónoma, provincia o municipio, y están destinados al uso o al servicio público. Tienen tal carácter, entre otros, las calles, plazas y jardines públicos, las carreteras, edificios públicos, playas, fuentes, etc.

DENUNCIA

Acto por el cual se notifica a la autoridad competente la ejecución de un hecho delictivo perseguible de oficio. Se realiza por escrito o verbalmente.

En nuestra legislación, la denuncia está considerada como un deber de ciudadanía y su omisión siempre es sancionada.

DERECHO DE CRÉDITO

Derecho subjetivo del acreedor para exigir al deudor el cumplimiento de su obligación.

DERECHO DE RETRACTO

Concepto de exclusiva aplicación en cuanto a la copropiedad ordinaria, y no en materia de propiedad horizontal, que consiste en el derecho de un copropietario que puede ejercer cuando otro de ellos haya decidido y pactado vender su cuota de propiedad sobre una cosa común a un tercero.

Por tanto, se entiende que este derecho se ejerce después de la venta.

DERECHO REAL

El que se refiere a alguna cosa en concreto y otorga a su titular algún tipo de facultades sobre ella. La propiedad (individual o compartida) es un derecho real, el más completo de todos ellos. Otros son el usufructo, los censos, la hipoteca, tanteo y retracto, superficie, servidumbres, etc.

DERECHO DE SERVIDUMBRE

Derecho real que recae sobre una finca (predio sirviente) cualquiera que sea su propietario. Es un derecho limitado, porque, aunque grava la finca sirviente, no absorbe toda su posible utilidad —como ocurre en el usufructo— sino que sólo se refiere a una utilidad concreta y determinada. El beneficiario de la servidumbre ha de ser en principio una persona distinta de su propietario; de lo contrario, la servidumbre sería superflua, dado que el derecho de propiedad comporta derechos más amplios.

DERECHO DE TANTEO

Su diferencia respecto al derecho de retracto estriba en que este se ejercita con carácter previo a la venta a un tercero (véase *Derecho de retracto*). Al igual que el derecho de retracto, es inaplicable en materia de propiedad horizontal.

DERRAMA

Reparto de un gasto eventual y, más señaladamente, de una contribución.

DESAFECTACIÓN

Acto mediante el cual se desvincula un bien al uso o servicio común. La LPH no ha previsto la posibilidad de desafectar un elemento común de su originaria servidumbre de destino. Sin embargo, es viable una desafectación inicial en el título constitutivo y una desafectación posterior, cuando, por la decisión comunitaria manifestada con la inexcusable unanimidad, se acuerda la transformación jurídica de un elemento común en parte privativa, de modo definitivo, alterando el título constitutivo; siempre y cuando no se trate de un elemento común que por su naturaleza

no pueda dejar de serlo en ningún supuesto.

DESAHUCIO

Desalojo. Acción judicial en virtud de la cual se desaloja al arrendatario o inquilino que ocupa una finca, por haber incurrido en una de las causas previstas por la ley, tales como la falta de pago del alquiler o la expiración del término pactado, salvo cuando es aplicable la prórroga forzosa.

DESCANSILLO

Segmento llano colocado entre dos tramos de escalera, para cambiar su dirección y facilitar el ascenso.

DESESTIMAR

Rechazar lo que se pide en una solicitud, instancia o recurso.

DESFALCO

Apropiación indebida o malversación de fondos que pueden realizar los cargos de la comunidad.

DESLINDE

Operación por la cual se fijan los límites de una finca, en especial con respecto a las fincas contiguas. Pueden realizarse en forma particular o judicial, debiendo estar presentes los propietarios de las fincas colindantes.

DESTITUCIÓN

Acción de separar a una persona de la función o cargo que desempeña. En las comunidades de propietarios es competencia de la junta.

DETERIORO

Daños provocados por el paso del tiempo, el mal uso o la falta de mantenimiento de una cosa.

DEUDA

Contenido de la obligación. Dinero o cosas que alguien está obligado a pagar o devolver a otro, o servicio que debe prestarle.

DEUDOR

Persona que está obligada a satisfacer una deuda a otra (acreedor).

DÍA HÁBIL

Es el día en que pueden realizarse válidamente actuaciones judiciales.

La previsión del calendario judicial es anual y se renueva cada ejercicio.

DIMISIÓN

Renuncia a un cargo o empleo por parte de quien lo ostenta.

DIVISIÓN (DE FINCAS)

Operación registral consistente en fragmentar la totalidad de una finca en dos o más fincas nuevas de menor superficie. La división debe anotarse en la finca matriz, que deja de existir como tal, y abrir nuevo folio para cada una de las fincas resultantes. Para que sea válido, todas ellas deben tener acceso a la vía pública o a un elemento común del edificio. La división de una vivienda o local implica una variación de las cuotas y requiere el consentimiento unánime de la comunidad.

DIVISIÓN HORIZONTAL

La inscripción en el Registro del régimen de propiedad horizontal de un edificio puede hacerse cuando su construcción haya concluido o, simplemente, cuando se haya comenzado. En la inscripción, se incluirán los siguientes datos: la descripción del edificio en su conjunto (se harán constar las viviendas meramente proyectadas); la descripción de cada una de las viviendas y locales que lo integran numerados correlativamente y con la cuota de participación que tengan asignada; y las reglas contenidas en el título constitutivo y, en su caso, en los estatutos de la comunidad, que configuren el contenido y ejercicio de la propiedad horizontal (elementos y servicios comunes, cuotas especiales de gastos, cargos de la comunidad, convocatoria de la junta, actividades prohibidas, etc.).

La inscripción debe practicarse a favor del dueño del edificio (particular o sociedad inmobiliaria) o, si ya se han enajenado, de los propietarios de todos y cada uno de sus viviendas y locales. Únicamente después de haber inscrito la división horizontal del edificio en el Registro de la Propiedad, pueden inscribirse en el mismo sus diferentes viviendas y locales como fincas independientes (véase esquema).

DOCUMENTO

Escrito en el que se hacen constar determinados hechos, disposiciones o declaraciones, que sirven para probar o acreditar una cosa. Tienen ese carácter los estatutos, reglamentos, actas, contratos, etc., de la comunidad.

DOCUMENTO PRIVADO

El que realizan las partes sin intervención de un notario o funcionario competente.

DOCUMENTO PÚBLICO

Escrito que está autorizado por un notario, secretario judicial, o funcionario público debidamente facultado para ello.

DOLO

Es el fraude o simulación utilizada por una persona para engañar a otra y conseguir con ello un determinado propósito. Lo constituyen las palabras o maquinaciones insidiosas de parte de uno de los contratantes para

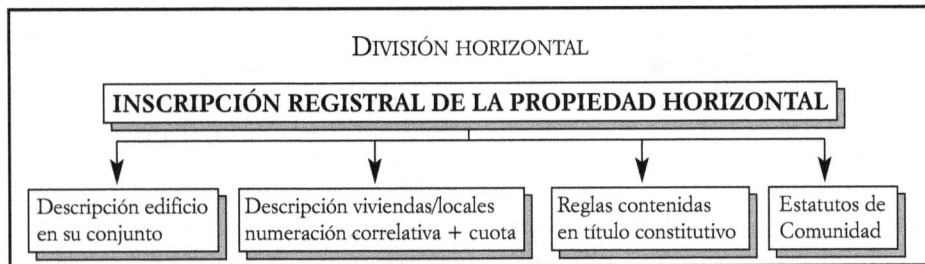

DIVISIÓN HORIZONTAL

INSCRIPCIÓN REGISTRAL DE LA PROPIEDAD HORIZONTAL

Descripción edificio en su conjunto	Descripción viviendas/locales numeración correlativa + cuota	Reglas contenidas en título constitutivo	Estatutos de Comunidad

inducir a otro a celebrar un contrato que, sin ellas, no hubiese realizado. El dolo, si es grave, puede producir la nulidad del contrato y dar lugar a la indemnización por daños y perjuicios. En derecho penal constituye dolo la voluntad maliciosa para la comisión de un delito.

DOMICILIO

Lugar de residencia habitual de una persona.

DOMINIO

Derecho de propiedad. Facultad de disponer libremente de una cosa propia sin más limitación que la dispuesta por la ley.

DOMINIO PRIVADO

Propiedad privada.

DOMINIO PÚBLICO

Derecho de propiedad de una entidad de las administraciones públicas sobre bienes destinados a un uso o servicio público.

DONACIÓN

Es un negocio jurídico por el que una persona (donante) proporciona gratuitamente una cosa o bien a otra persona (donatario), que la acepta. Es un requisito indispensable la intención de liberalidad del donante y que el donatario consienta de forma expresa.

E

EDICTO

Es una forma de notificación judicial prevista por la ley para cuando se desconozca el domicilio de la persona que ha de ser notificada. También es el aviso que coloca la autoridad municipal en lugares públicos para dar a conocer decisiones.

EDIFICACIÓN

Edificio. Acción de edificar, de construir edificios.

EDIFICACIÓN FORZOSA

En Derecho Administrativo, es la forma legalmente prevista para el fomento de la edificación. Consiste en la obligación que afecta al dueño de solares de emprender la edificación de los mismos dentro del plazo fijado en el plan urbanístico, e igualmente las construcciones paralizadas o las obras suspendidas.

EDIFICIO

Construcción arquitectónica destinada a servir como vivienda o local comercial. Si integra a varios de unas u otros, con diferentes dueños, puede ser objeto de propiedad horizontal.

EJECUCIÓN

Es el trámite procesal que consiste en el cumplimiento de lo ordenado en una sentencia o disposición judicial. La ejecución de sentencia penal se hará conforme prevé la ley; las sentencias de lo laboral se ejecutarán a instancia de parte; cuando se haya firmado laudo de equidad, es título suficiente para instar el proceso de ejecución.

EJECUCIÓN FORZOSA ADMINISTRATIVA

En Derecho Administrativo, cuando el acto administrativo es ejecutorio, la Administración puede proceder, previo apercibimiento al interesado, a la ejecución forzosa. Si el ejecutado no lo hace voluntariamente, se inicia el procedimiento de apremio, ejecución, subsidiaria, multa coercitiva y compulsión personal.

ELECCIÓN

Nombramiento de una persona, que en democracia se realiza por votación, para desempeñar algún cargo, comisión, etc. Sufragio. Así se designa cada año a quienes ocupan los cargos de la comunidad.

ELEMENTOS COMUNES

Se llaman así a aquellos elementos o partes del edificio que, por su propia naturaleza o por disposición del título constitutivo o de los estatutos, están destinados a garantizar la esta-bilidad del inmueble y/o al servicio de la comunidad en general. Pertenecen a los copropietarios en proporción a la cuota que paga cada uno. Tienen ese carácter el solar, los cimientos, paredes maestras, pilares, fachadas, cubiertas, patios, fosos, escaleras, rellanos y descansillos, vestíbulos, pasillos, ascensores y otros semejantes, que varían de unos edificios a otros (véase esquema).

ELEMENTOS COMUNES

ALGUNOS ELEMENTOS COMUNES

- El suelo.
- El subsuelo.
- El vuelo.
- Los muros (fachada, de sustentación, divisorios, medianeros).
- El forjado.
- La fachada y la cubierta.
- Las terrazas si se accede a través de elemento común (y salvo excepciones).
- La cubierta (terrado, azotea o terraza; cubierta; claraboya, tragaluz, lucerna).
- El portal del edificio.
- La portería.
- Los buzones.
- Las puertas de entrada al inmueble.
- Las escaleras.
- Los patios.
- El sistema general de calefacción (caldera, quemadores, conducciones).
- Las conducciones de agua.
- Los ascensores (montacargas, elevadores).

ELEMENTOS ESTRUCTURALES

Son los que conforman la estructura interna y externa del edificio, los muros que separan unos pisos de otros, los que sirven para separar un edifico de otro colindante, etc.

ELEMENTOS PRIVATIVOS

Son aquellas partes del edificio que, por tener acceso a la vía pública o a algún elemento común, pueden ser calificadas como viviendas o locales independientes, y ser inscritas como tales en el Registro. También se consideran privativos los elementos anejos de las viviendas y locales, aunque estén fuera de los mismos, como los cuartos trasteros en las buhardillas o los sótanos, y las plazas de aparcamiento de vehículos. Sobre los elementos privativos del edificio, sus

dueños respectivos tienen un derecho de propiedad individual y exclusivo, pero no ilimitado, ya que deben respetar las normas de uso y convivencia establecidas por la Ley de Propiedad Horizontal y por los estatutos y reglamentos de la comunidad, si existen (véase esquema).

EMANACIONES

La comunidad es responsable, frente a terceros, de los daños y perjuicios causados por emanaciones de humos y gases, y también de las procedentes de los sistemas de evacuación de aguas residuales, si se deben a falta de mantenimiento, o a no haber efectuado las reparaciones necesarias. Si las emanaciones se deben a deficiencias en la construcción y se producen dentro de los 10 años siguientes a la terminación del edifi-

---

ELEMENTOS PRIVATIVOS

ALGUNOS ELEMENTOS PRIVATIVOS

- Los anejos que consten en el título (p. ej.: plazas de garaje, trasteros o buhardillas).
- Los elementos arquitectónicos y las instalaciones que se encuentren en el interior de los pisos o locales —o de sus anejos— también tienen la consideración de partes privativas, siempre que sirvan exclusivamente a su ocupante (p. ej., los tabiques que distribuyen el interior de los pisos son elementos privativos, con la excepción de las paredes maestras, al igual que los pilares y las vigas).
- Las instalaciones de agua y electricidad se componen en grandes canales, de los que parten ramificaciones hacia el interior de los pisos o locales; en su recorrido por estos, y siempre que den servicio exclusivamente a los respectivos propietarios, se consideran partes privativas.

cio, los perjudicados pueden exigir responsabilidades al contratista (empresa constructora) que realizó la obra y a los técnicos (arquitectos y aparejadores/arquitectos técnicos) que la proyectaron y dirigieron.

EMBARGO

Retención de bienes de una persona en virtud de una orden judicial o gubernativa, que quedarán sujetos a lo que resulte del correspondiente procedimiento instruido por impago de deudas, impuestos u otras responsabilidades. La comunidad puede solicitar el embargo judicial de la vivienda o local cuyo propietario no pague su correspondiente cuota de los gastos comunes.

EMPADRONAMIENTO

Acción de empadronarse. Inscripción de una persona en el censo o padrón de un municipio.

ENAJENACIÓN

Transmisión de la propiedad de una cosa a título gracioso u oneroso.

ENCOFRADO

Molde destinado a contener el hormigón hasta su endurecimiento.

ENTIDAD

Denominación que se aplica a ciertas personas jurídicas, sean de derecho público, sean privadas (asociaciones, sociedades, fundaciones, clubes, etcétera).

ENTREGA

Acto por medio del cual uno pone en poder o en manos de otro a una persona o cosa. Es uno de los modos de adquirir.

ENTREGA DE LA OBRA

Oferta que realiza el contratista al comitente, poniendo a disposición de este la obra terminada, para que la verifique y acepte.

EQUIDAD

Ley natural. Moderación del rigor de la ley atendiendo más a la intención del legislador que a la ley positiva. En Derecho Privado se acude en ocasiones al juicio de equidad (o de arbitraje) para resolver las diferencias entre las partes.

ESCALERAS

Las escaleras generales de un edificio (y las de incendios, si existen) son, por naturaleza, elementos comunes del mismo. Las de acceso a los locales, sótanos y aparcamientos tendrán el mismo carácter que estos. En cambio, serán elementos privativos las que sirvan de comunicación entre dos pisos (dúplex) o entre un local y el piso inmediatamente superior.

Escayola

Yeso espejuelo calcinado, utilizado para el recubrimiento de cielos rasos, falsos techos, cornisas y otros elementos de arquitectura.

Escritura

Documento en el que se hace constar un convenio, negocio o manifestación, suscrito por las personas que intervienen en él. La escritura es pública si interviene un notario en su otorgamiento, y privada cuando no hay intervención notarial.

Escrutinio

Reconocimiento y recuento de los votos emitidos por los electores en cualquier clase de elección.

Estatuto

Conjunto de normas que regulan y ordenan la organización y funciona-

miento de un ente colectivo, como las comunidades de propietarios.

Estructura

Conjunto de elementos arquitectónicos, como muros de carga, pilares, vigas, columnas, etc., cuya función es la de asegurar la sustentación y estabilidad del edificio.

Los elementos que están integrados en la estructura son siempre comunes, aunque se encuentren, total o parcialmente, en el interior de una vivienda o local.

Estuco

Mezcla de cal apagada y polvo de mármol, alabastro o yeso, endurecida y usada para el enlucido de paredes con apariencia de mármol.

Exención

Privilegio o beneficio que excluye a una persona de alguna obligación que tienen los demás.

En muchas comunidades, los estatutos establecen que los dueños de locales y entresuelos están exentos de contribuir a los gastos derivados del ascensor, o bien que los locales exteriores no paguen el sueldo del portero y del personal de limpieza, ya que unos y otros no utilizan esos servicios.

EXIMIR

Liberar, dispensar o relevar a alguna persona de una obligación o responsabilidad.

EXPROPIACIÓN

Acción de la autoridad competente de privación de la propiedad o de la posesión de una cosa, especialmente inmueble, por causa justificada y previa indemnización. Cuando la expropiación la realiza la Administra-ción por causa de utilidad pública, mediante justa indemnización, se denomina «expropiación forzosa».

EXTINCIÓN

Cese de una situación jurídica. La propiedad horizontal se extingue si uno de los copropietarios adquiere la totalidad del edificio, si todos ellos deciden convertirla en una comunidad ordinaria, si se produce la ruina del inmueble o si este es objeto de una expropiación forzosa.

F

FACHADA

Parte del edificio que limita con la vía pública. Tanto la fachada en sí como las ventanas, balcones, terrazas, galerías y demás huecos y voladizos que existen en ella son elementos comunes del edificio, y ningún propietario puede alterarlos sin consentimiento unánime de la comunidad.

FACTURA

Relación de los artículos suministrados (con sus características, precio, etc.) que facilita la empresa vendedora al comprador. Con la entrada en vigor del Impuesto sobre el Valor Añadido se impone la obligación a todos los empresarios o profesionales de expedir factura por cada una de las operaciones que realicen, y de conservar copia de las mismas. Toda factura y sus copias contendrán, al menos, los siguientes datos o requisitos:

— número y, en su caso, serie;
— nombre y apellidos o razón social, número de identificación fiscal y domicilio del expedidor y del destinatario;
— descripción de los bienes o servicios que constituyan el objeto de la operación;
— contraprestación total de la operación;
— tipo tributario y cuota;
— lugar y fecha de emisión.

Las facturas de la comunidad debe conservarlas el secretario o el administrador (véase esquema en página siguiente).

FACTURA

MODELO DE FACTURA

LIMPIEZAS ARIEL, S.L.
C/ COLOSO, 30
21001 MADRID

CIF S-11021963

COMUNIDAD DE PROPIETARIOS
C/ COLEGIO MAYOR, 89
21001 MADRID

CIF P-27101932

FRA. N.º 32/06

FACTURA DE HONORARIOS QUE SE ACREDITAN POR LA LIMPIEZA DEL VESTÍBULO Y LA ESCALERA DURANTE EL TERCER TRIMESTRE DEL AÑO 2006.

HONORARIOS .... 900,00 euros
IVA 16% .... 144,00 euros
TOTAL .... 1.044,00 euros

TOTAL: MIL CUARENTA Y CUATRO EUROS
MADRID, 1 DE OCTUBRE DE 2006

FALSIFICACIÓN

En Derecho Penal, cualquier copia, imitación o adulteración (de productos alimenticios y farmacéuticos, de documentos o bienes) es un delito tipificado según se trate de: falsificación de certificados; documentos de crédito; documentos de identidad; documentos privados; documentos públicos; efectos timbrados; firmas; moneda; estampillas (sellos de uso en la función pública); y sellos y marcas.

FE PÚBLICA

Es la autorización que asegura la autenticidad de un contrato, acto o cualquier otro documento, y la veracidad de su contenido. Los depositarios de la fe pública son los autorizados por la ley, que son: notarios, secretarios de juzgados y tribunales, agentes de cambio y bolsa, y cualquier otro funcionario debidamente autorizado. La fe pública se insta por el interesado mediante la oportuna petición de intenciones. Así tenemos: fe de vida, que expide el Registro Civil; fe de soltería, etc.

FEDATARIO

Funcionario que certifica (da fe) que todos los datos que constan en un documento público son ciertos, y que cumple con los requisitos legales. Tanto los notarios como los registradores de la Propiedad son fedatarios públicos, en aquellos asuntos de su competencia.

FEHACIENTE

Fidedigno, verdadero, auténtico. Lo que da fe en juicio y respecto a terceros. Dícese de las notificaciones efectuadas por carta certificada o requerimiento notarial.

FIANZA

Es un contrato accesorio que una persona contrae como garantía de que otra persona pagará lo que prometió; en definitiva, es una garantía de una obligación principal contraída por otra persona. El que presta la fianza

se llama fiador, y fiado la persona que resulta garantizada por la misma. El fiador tiene derecho a realizar el pago subrogándose en todos los derechos que el acreedor tuviera contra el deudor. También puede existir una doble fianza, o fianza limitada o total. Si se trata de garantizar un litigio, se trata de fianza judicial; si de concursos públicos en la Administración, de fianzas en la contratación pública.

FIDEICOMISO

Es la disposición testamentaria por la que el testador deja todo o parte de sus bienes a una persona para que, en caso y tiempo determinados, los transmita a otra persona o les dé el destino que se le señale. La persona beneficiaria del fideicomiso se llama fideicomisario; la persona a la que se transmiten los bienes se llama fiduciario y el que transmite los bienes o testador se llama fideicomitente. El fideicomiso puede ser puro, condicional, simple, gradual, particular y universal. El fiduciario estará obligado a entregar la herencia al fideicomisario, sin otras deducciones que las que corresponden por gastos legítimos, créditos y mejoras, salvo que el testador haya dispuesto otra cosa.

FINCA

Propiedad inmueble rústica o urbana, inscrita individualmente en el Registro de la Propiedad. Cada uno de los pisos y locales del edificio constituye una finca independiente.

FINCA REGISTRAL

Es el bien inmueble que constituye la base física del sistema registral inmobiliario. Desde el punto de vista registral, finca es lo que es susceptible de abrir folio o registro particular en los libros de inscripciones. El medio de ingreso de la finca en el Registro es la inmatriculación, que conlleva la apertura de folio registral destinado a esa finca. La finca inmatriculada recibe un número; se describe la finca en el primer asiento y se inscribe el derecho de propiedad de su titular (inmatriculante).

FISCAL

Ministerio Público. Funcionario de la Administración de Justicia que sostiene la acusación pública en los procesos penales, en nombre del Estado. Referente al Fisco, a la Hacienda Pública y, por extensión, al sistema tributario.

FORJADO

Entramado. Relleno de los huecos del armazón que forma el entramado de una pared o el envigado del suelo-techo.

FORMA

Manera de exteriorizar una declaración de voluntad (contrato, voto, reclamación, etc.). La forma puede ser: mediante escritura pública, en documento privado, verbal o tácita.

FORMALIZAR

Realizar un acto o celebrar un contrato en la debida forma, cumpliendo con los requisitos exigidos por la ley en cada caso (firmas de testigos, escrituras notariales, impresos oficiales, etc.).

FORTUITO

Que sucede en forma casual e inesperada.

FOSAS SÉPTICAS

Son elementos comunes del edificio, pertenecientes a toda la comunidad de propietarios, por lo cual ninguno de ellos puede cegarlos ni tampoco variar su emplazamiento sin autorización unánime de los demás (véase *Emanaciones*).

FRAUDE

Engaño ideado para inducir a error a otra persona, obteniendo beneficio de ello. La existencia de fraude puede ser causa de nulidad de un contrato, quedando la persona engañada libre de las obligaciones contraídas. Los cargos de la comunidad responden ante esta de los daños y perjuicios causados por haber actuado de forma fraudulenta (aumentando el importe de facturas, fingiendo gastos o reparaciones inexistentes, etc.).

FUERZA MAYOR

Circunstancia imprevisible que impide el cumplimiento de una obligación.

FUNCIONARIO

Persona al servicio de cualquiera de las administraciones públicas, que ha accedido a su empleo por medio de una oposición o concurso de méritos.

FUNCIONES

Facultades que la ley o los estatutos asignan a cada uno de los cargos de la comunidad o a los empleados de la misma (porteros y conserjes, jardineros, personal de limpieza, vigilantes nocturnos, etc.).

G

GARAJE

Local o sótano del edificio destinado al estacionamiento de vehículos. Su carácter de elemento privativo o común dependerá de que el título constitutivo lo declare una cosa u otra. En su defecto, deberá ser considerado privativo.

GARANTÍA

Fianza, prenda, seguridad. Acción y efecto de asegurar eficazmente el cumplimiento de lo estipulado.

GARANTÍA PERSONAL

Compromiso contraído por una persona que se hace responsable del cumplimiento de una obligación de otra persona, actuando como avalista.

GARANTÍA REAL

Aseguramiento del cumplimiento de una obligación mediante la afectación de cosas, valores o bienes inmuebles.

La hipoteca de una finca es una garantía real.

GASTOS GENERALES

Aquellos gastos que se derivan del mantenimiento, la reparación y la conservación del edificio, que no pueden ser individualizados ni repartidos.

Goteras

Filtraciones de agua de lluvia o procedentes de fugas en las conducciones de agua potable, en el techo de una vivienda o local. En el primer caso, si proceden de defectos o desperfectos de la cubierta, la fachada o los patios, la reparación corre a cargo de la comunidad, aunque sólo afecten a una vivienda o local y procedan de un elemento que, pese a ser común, sólo pueda ser usado por uno de los propietarios (caso de las terrazas de los áticos, los balcones y el suelo de los patios). Si la causa de las goteras es la rotura de alguna conducción general del edificio (de agua potable o de aguas residuales) los gastos también correrán a cuenta de la comunidad, pero, si son tuberías de uso exclusivo de algún propietario, deberán ser reparadas por este, a su cargo.

Gravamen

Carga. Impuesto. Gabela. Obligación que pesa sobre una persona de realizar o consentir alguna cosa. Derecho real o carga impuesta sobre un bien inmueble. Tienen la consideración de gravámenes los usufructos, las servidumbres, los censos, las hipotecas y los derechos de tanteo, opción y retracto sobre fincas ajenas, por cuanto limitan las facultades de su propietario.

Grifo

Llave que permite abrir o cerrar el paso en las conducciones de agua. Los de las conducciones generales son elementos comunes; los interiores de cada vivienda o local, son privativos.

H

HÁBIL

Se aplica a los días de un término o plazo legal en los que puede llevarse a cabo alguna actuación por no ser festivos. Días en que actúan los juzgados y son computables a efectos de plazos y términos judiciales.

HABILITACIÓN

Autorización legal que se concede a una persona para realizar un acto jurídico, sin la cual no tendría capacidad civil suficiente para ejecutarlo.

HABITABILIDAD

Condición de habitable. La Cédula de Habitabilidad es el documento administrativo en el que se certifica que una vivienda reúne los requisitos necesarios para poder ser habitada.

Todos estos requisitos hacen referencia a: dimensiones, ventilación, servicios, etc.

HABITABLE

Apto para servir de vivienda a los seres humanos.

HABITACIÓN

Edificio o parte de él que se destina a ser habitado.

Derecho de habitación es el derecho real que permite a una persona ocupar toda o parte de una finca propiedad de otra.

Hacienda pública

Conjunto de los bienes e ingresos con los que cuenta el Estado y la Administración para sus fines.

Hecho fortuito

Accidente. Suceso imprevisible, independiente de la voluntad de quienes se ven afectados por sus consecuencias.

Hecho jurídico

Acontecimiento que puede producir una variación o extinción de derechos y obligaciones.

Heredad

Finca rústica. Bienes raíces o posesiones.

Herencia

Sucesión del heredero en la universalidad de los derechos y obligaciones de una persona fallecida. Es una forma de adquisición de la propiedad.

Hipoteca

Derecho real que grava bienes, por lo general inmuebles, sujetándolos a responder del cumplimiento de una obligación.

La hipoteca inmobiliaria consiste en una garantía real establecida a favor del acreedor sobre una finca de su deudor; si vencida la deuda, el dueño de la finca no paga lo que debe, el acreedor puede exigir su venta pública con el objetivo de cobrar su crédito.

En situaciones concursales, los garantizados mediante hipoteca son créditos privilegiados frente a los ordinarios.

Hito

Mojón, señal, poste de piedra que sirve para la identificación de vías de comunicación y para señalar los límites de una finca, o territorio.

Hormigón

Piedra artificial obtenida por endurecimiento de un mortero de cemento adicionado de grava, piedras y escorias.

Hormigón armado

El que se obtiene introduciendo una estructura de varillas de hierro en la masa del hormigón, para conseguir con ello reducir su peso y aumentar su resistencia a los esfuerzos de tracción.

HUECOS

Aperturas en las paredes que permiten la entrada de luz y aire (huecos de luces) o también ver a través de ellos y asomarse al exterior (huecos de vistas). Al primer tipo pertenecen los tragaluces, claraboyas, paños de pared cubiertos de losetas traslúcidas, y otros similares. Al segundo, las ventanas, balcones, terrazas, galerías, etc.

HUMEDADES

Desperfectos que se producen en los techos, suelos y paredes u otros elementos causados por filtraciones de aguas pluviales, o bien por rotura de conducciones de agua potable o residual. Su reparación correrá a cargo de la comunidad o de un propietario, según cuál sea la causa que las haya originado y la naturaleza, común o privativa, de los elementos que resultan afectados.

HUMOS

Los dueños y usuarios (arrendatarios, inquilinos, usufructuarios, etc.) de una finca son responsables de los daños materiales y/o personales causados a terceros por la emisión de humos excesivos a los patios interiores o en la fachada. Si la emisión procede de conductos colectivos (calefacción central, por ejemplo) la responsabilidad será de la comunidad de propietarios. Pero si se deben a defectos de construcción y se producen dentro del plazo de los 10 años siguientes a la finalización del edificio, los perjudicados pueden reclamar daños y perjuicios al contratista que realizó la obra y al arquitecto que la dirigió.

I

ILEGAL

Lo que es contrario a la ley.

ILEGITIMIDAD

Falta de alguna circunstancia o requisito para ser una cosa legítima.

ILÍCITO

Lo que no está permitido legal ni moralmente.

ILUMINACIÓN

Sistema para proporcionar luz a un lugar cerrado. Puede ser natural (ventanas, balcones, claraboyas, paredes traslúcidas, etc.) o artificial (véase *Alumbrado*).

IMPAGO

Falta de pago de una deuda. Incumplimiento de una obligación. Los propietarios de las viviendas y locales responden del impago de la parte de los gastos comunes correspondiente a su cuota, durante el año en curso y el anterior, aunque hayan adquirido sus propiedades posteriormente y estén personalmente al corriente de sus obligaciones.

IMPERICIA PROFESIONAL

Agravante de la responsabilidad penal por actos cometidos por imprudencia, con resultado de muerte o lesiones graves, cuando su autor ejercía una profesión sin poseer los conocimientos requeridos para ello. Puede aplicarse a los técnicos (arquitectos, aparejadores, ingenieros, etc.) que dirijan obras o reparaciones en el edificio si, por su culpa, se causan daños personales.

IMPOSICIÓN

Carga, tributo. Cantidad que se ingresa en una cuenta corriente o de ahorro. Mandato.

IMPRUDENCIA

Omisión de aquella diligencia que exige la naturaleza de la obligación y que corresponde a las circunstancias de la persona, tiempo y lugar. De mediar malicia en el actor, se consideraría siempre delito. La imprudencia simple se considera falta; la simple con infracción de reglamentos y la temeraria pueden constituir falta o delito según la gravedad de los resultados.

IMPUESTO

Tributo, carga.
Contribución que se satisface a la Administración del Estado con el fin de contribuir en el sufragio de los gastos públicos.

IMPUESTO DE ACTIVIDADES ECONÓMICAS

Tributo que exigen los ayuntamientos a todas aquellas personas y sociedades que desarrollan una actividad profesional, artística o comercial.

IMPUESTO SOBRE DONACIONES

Impuesto de carácter directo, subjetivo, patrimonial y progresivo, que grava la adquisición de bienes o derechos por donación o cualquier otro negocio jurídico gratuito entre vivos.

IMPUESTO SOBRE INCREMENTO DE VALOR DE LOS TERRENOS

Es conocido con la denominación de «plusvalía municipal» y su establecimiento es obligatorio por los ayuntamientos. Es un impuesto de carácter directo que grava el incremento de valor de los terrenos que se produce con ocasión de su transmisión o la constitución o transmisión de un derecho real de goce limitativo del dominio sobre los mismos.

IMPUESTO SOBRE EL PATRIMONIO

Es un impuesto directo y personal que grava el patrimonio neto de las personas físicas que no forman parte de unidades familiares y que grava también el patrimonio de las unidades familiares, teniendo en cuenta, en todo caso, la cuantía y las circunstancias personales y familiares concurrentes en los sujetos pasivos.

IMPUESTO SOBRE SOLARES

Es un impuesto municipal que recae sobre los inmuebles susceptibles de edificación urbana, de acuerdo con la calificación urbanística que dichos terrenos tengan en el plan general municipal.

IMPUGNAR

Contradecir, refutar. Acción de oponerse a la validez o eficacia de algo que puede tener trascendencia en el campo jurídico mediante los cauces establecidos por la ley, como son los recursos.

INCAPACIDAD

Carencia de aptitud o capacidad legal. Nadie puede ser declarado incapaz sino por sentencia judicial, en virtud de las causas establecidas legalmente: por enfermedades o deficiencias persistentes de carácter físico o psíquico que impidan a la persona valerse por sí misma. La declaración de incapacidad corresponde promoverla al cónyuge o descendientes, y en defecto de estos, a los ascendientes o hermanos del presun-

to incapaz, y en su caso el Ministerio Fiscal.

La sentencia que declare la incapacitación determinará la extensión y los límites de esta, así como el régimen de tutela o guarda a que haya de quedar sometido el incapacitado.

INCAUTARSE

Tomar posesión la autoridad competente de alguna cosa por causa de interés público, o de actuaciones delictivas.

INCENDIO

Combustión, accidental o provocada, de cosas que no están destinadas a arder, o que no lo están en ese momento y/o lugar.

Los incendios pueden ser responsabilidad de los dueños de las viviendas y locales si se deben a actos imprudentes o al almacenamiento de sustancias inflamables o explosivos sin que se hayan adoptado las correspondientes medidas de seguridad.

La comunidad será responsable de los incendios derivados de instalaciones y servicios comunes (calefacción, aire acondicionado, motores del ascensor, circuitos eléctricos, etc.), si no han sido objeto de las operaciones de mantenimiento y las reparaciones necesarias para garantizar su seguridad.

INCIERTO

En derecho, lo que es falso, desconocido, que no se puede precisar su esencia, calidad y cantidad.

INCOAR

Empezar. En derecho, iniciar un sumario o expediente, o cualquier otra actuación judicial o administrativa.

INCÓMODO

Molesto, desagradable. Los propietarios y usuarios de las viviendas y locales de un edificio tienen prohibido realizar en ellos actividades que resulten incómodas o desagradables para los demás (ruidos, vibraciones, olores, etc.).

INCUMPLIMIENTO

Falta de cumplimiento de lo convenido o pactado, que puede dar lugar a diversas consecuencias jurídicas, tales como: resolución contractual, indemnización por daños y perjuicios, aplicación de cláusula penal, imposición de una sanción, etc.

INDEMNIZACIÓN

Compensación o resarcimiento de un daño por el que lo ha causado.

En materia civil es responsable de indemnización el que ha incumplido un contrato u obligación; en materia penal puede constituir un elemento integrante de la pena aplicable al culpable. También da lugar a la indemnización la efectividad de una obligación de afianzamiento, o de seguro.

INDISTINTO

Sin distinción. Se aplica a la cuenta bancaria o de ahorro a nombre de dos o más personas y de la cual puede disponer cualquiera de ellas. Por ejemplo, el presidente y el administrador.

INDIVISIBLE

Lo que no admite división por razón de su naturaleza, o por disposiciones legales, como por ejemplo algunas obligaciones.

INDIVISO

Lo que no está dividido, aunque puede ser divisible. Que pertenece en común a varias personas.

INFORME

Noticia. Dictamen. Comunicación detallada, escrita o de palabra, sobre una cuestión. En derecho es la exposición oral del abogado o del fiscal, sobre el proceso o causa que se sigue, ante el juez o tribunal que tiene que fallar el asunto.

INFRACCIÓN

Incumplimiento de una norma legal o reglamentaria, de forma intencionada o por negligencia. Los estatutos y reglamentos de régimen interior de la comunidad pueden establecer la imposición de sanciones (amonestación del presidente, privación temporal del uso de elementos comunes, multas, etcétera) a los que cometen infracciones de sus normas de convivencia.

INHÁBIL

Día festivo. Tiempo que no se considera apto para la práctica de actuaciones jurídicas.

INMATRICULACIÓN

Primera inscripción de una finca en el Registro de la Propiedad.

INMUEBLE

Bien que no se puede transportar, como edificios, fincas, minas, etc. Es sinónimo de bienes raíces.

INQUILINATO

Arrendamiento urbano relativo a la vivienda.

INQUILINO

Persona que ha tomado en alquiler una casa, o parte de ella (preferentemente un piso o vivienda).

INSALUBRE

Perjudicial para la salud.
Está prohibido realizar, en los pisos y locales, actividades insalubres, tales como manipulación de productos tóxicos, o acumulación de residuos orgánicos, suciedad, parásitos, etc.

INSCRIBIR

Tomar razón en un registro público de los documentos que deben sentarse en él, según la disposición legal. Anotar.

INSCRIPCIÓN

Anotación de actos y documentos en un registro público para que produzcan efectos jurídicos. Los nacimientos, matrimonios, divorcios y defunciones en el Registro Civil. En el Registro de la Propiedad, las escrituras de compraventa, hipotecas, herencias, etc.

INSOLVENCIA

Situación en la cual se halla aquella persona que no atiende sus deudas debido a la falta de recursos económicos.

INSTALACIONES

Tienen la consideración de comunes las destinadas al servicio de todos los propietarios, como las de calefacción central, portero automático, antena colectiva de televisión, alarmas generales, etc.

INSTANCIA

Escrito en el que se contiene una solicitud.

En el proceso civil, cada uno de los dos grados jurisdiccionales, uno denominado de primera instancia —que es el conjunto de actuaciones judiciales desde el inicio del pleito hasta sentencia— y otro que se denomina de segunda instancia —en el que se tramita la apelación del anterior— .

En el orden penal, los procesos por faltas y delitos menores tienen dos instancias; y en el proceso ordinario por delitos, únicamente existe la instancia ante la audiencia provincial.

INTERDICTO

Juicio sumario sobre la posesión actual de una cosa, considerada como hecho exclusivamente. Los interdictos sólo pueden interponerse para adquirir la posesión, para retenerla o recobrarla, para impedir una obra nueva y para evitar que una obra ruinosa cause daño. El juicio se tiene que interponer antes del transcurso de un año desde que tiene lugar el acto de la perturbación de la posesión y no resuelve la cuestión de fondo, sino la de la adjudicación interina de la posesión, y para su resolución definitiva se tiene que acudir al juicio declarativo.

INTERÉS LEGAL

Tanto por ciento de beneficio que señala la ley para el deudor constituido en mora y para los demás casos en que se pueda exigir legalmente.

INTERFONO

Portero automático. Aparato electrónico que permite comunicarse con la puerta del vestíbulo, y abrirla, desde cada uno de los pisos. Es un elemento común del edificio.

INTERPELACIÓN

Requerimiento que se hace a un deudor para que pague lo que debe, o al que tiene una obligación pendiente para que la cumpla.

INTERRUPCIÓN

Acción y efecto de impedir la continuidad de un acto.

En sentido legal la interrupción se aplica a la prescripción, cuyo transcurso temporal se impide mediante un acto que perturba la posesión, y también a la actuación que evita que transcurra el plazo de tiempo necesario para que se lleve a cabo la prescripción.

INVALIDAR

Hacer o declarar nula y sin valor ni efecto una cosa, derecho u obligación.

INVOCAR

Alegar o exponer una ley para justificar un derecho o acción.

IRROGAR

Causar. Ocasionar. Se aplica con preferencia a los daños producidos.

J

JÁCENA

Viga maestra, que sirve para sostener las cabezas de otras vigas o sustentar cuerpos superiores de un edificio.

JUDICIAL

Lo que pertenece al juicio y a la administración de justicia.

JUICIO

Cordura. Opinión. Parecer. Procedimiento o institución mediante la cual el juez resuelve jurídicamente los conflictos que existen entre las partes. Puede tener distinto tratamiento, según sea civil, penal, laboral, administrativo, u otra cuestión contenciosa.

JUNTA

Reunión de los miembros de la comunidad de propietarios para deliberar y adoptar acuerdos sobre los asuntos que afecten a sus intereses (véase esquema en página siguiente).

JUNTA EXTRAORDINARIA

Es la convocada por el presidente de la comunidad, o por copropietarios que ostenten el 25 % de las cuotas, como mínimo, para tratar de asuntos que no puedan esperar.

JUNTA JUDICIAL

Es la convocada por el juez competente, si el presidente no lo hace.

JUNTA ORDINARIA

Es la que deben celebrar obligatoriamente todas las comunidades de propietarios, cada año, para aprobar los gastos del ejercicio anterior, el presupuesto del siguiente y la elección de los cargos.

Debe ser convocada por el presidente con seis días de antelación, como mínimo.

JUNTA UNIVERSAL

Es la que se constituye válidamente sin necesidad de convocatoria previa, si se encuentran presentes todos los copropietarios y existe unanimidad sobre su celebración y sobre el orden del día.

JURISPRUDENCIA

Doctrina legal emanada de las sentencias del Tribunal Supremo, interpretando en forma reiterada determinadas disposiciones legales. Conjunto de sentencias de este Tribunal que determinan un criterio sobre una cuestión jurídica. Constituye una de las fuentes del Derecho.

JURISTA

Persona que por profesión o estudios se dedica a la práctica del derecho.

JUSTICIA

Equidad. Rectitud. Razón. Derecho. Virtud que insta a dar a cada uno lo que le pertenece. Aplicación práctica de las leyes.

JUSTIFICANTE

Documento acreditativo de un derecho, de una alegación o de una oposición a la pretensión ajena.

JUNTA

JUNTAS EN COMUNIDADES DE PROPIETARIOS

Por su periodicidad	Por su convocatoria
Ordinarias → cada año	A instancias del Presidente → a su arbitrio
Extraordinarias → sin límite	A instancias de vecinos → 1/4 propietarios/cuotas
	Universal → espontánea
	Judicial → cuando el Presidente no convoca

JUSTIFICAR

Probar una cosa con razones, testigos y documentos.

JUSTIPRECIO

El justo valor de una cosa, o la estimación realizada por peritos designados por los litigantes, en caso de controversia sobre el verdadero precio.

JUSTO TÍTULO

Acto o documento que determina que una persona posea o adquiera legalmente un derecho o cosa.

JUZGADO

Tribunal de un solo juez. Territorio de su jurisdicción. Lugar donde se juzga.

L

LANZAMIENTO

Acción y efecto de despojar a una persona de la posesión de una cosa en virtud de un mandamiento judicial.

Diligencia que se realiza en período de ejecución de los juicios de desahucio, previa sentencia firme, desalojando al arrendatario de la vivienda o local que ocupa.

LAUDO

Fallo o dictamen de los árbitros o amigables componedores en los asuntos que les son sometidos voluntariamente por las partes para su resolución. // Denominación que adoptan las resoluciones de los árbitros o de los tribunales arbitrales.

LEGADO

Sucesión testamentaria a título particular, que el causante asigna a una o varias personas, físicas o jurídicas.

LEGAJO

Atado o conjunto de documentos referentes a un mismo asunto.

LEGAL

Conforme a la ley. Legítimo. Lícito.

LEGALIZACIÓN

Dar estado legal a una cosa. Certificación de la autenticidad de un documento o de una firma. En derecho notarial es la autentificación de la firma de un notario por otros dos notarios de su mismo partido judicial, o por el juez de primera instancia, para que surta efecto fuera de su demarcación.

LEGITIMACIÓN

Autentificación por medio de un notario de las firmas de autoridades, funcionarios y particulares. Habilitación de una persona para el ejercicio de un empleo u oficio.

LEGÍTIMO

Justo. Genuino. Verdadero. Lícito. Conforme a las leyes.

LESIÓN

Daño corporal. En Derecho civil es el daño o perjuicio económico que se ocasiona en los contratos onerosos a una de las partes, y especialmente en las compraventas, en relación con el precio. Se denomina lesión «enorme» al perjuicio que consiste en haber sido engañado en algo más de la mitad del justo precio, y lesión «enormísima» al engaño que rebasa mucho más de la mitad del justo precio. En Derecho penal, delito o falta, según resulte el daño corporal causado dolosamente a una persona, cometido sin ánimo de maltratarla. Las lesiones se clasifican en graves (delito), menos graves (delito o falta) y leves (falta).

LETRA DE CAMBIO

Documento mercantil revestido de determinados requisitos legales por el que una persona (librador) manda a otra (librado) pagar una cantidad determinada en el tiempo que se indique, o a su presentación. La letra puede ir extendida a la propia orden del librador, o a la orden de un tercero (tomador).

LETRADO

Abogado.

LEY

Disposición jurídica de carácter general dictada por el poder legislativo para ordenar y regular las relaciones de los ciudadanos dentro de un estado. Derecho escrito. Norma jurídica de carácter obligatorio. En sentido amplio, conjunto de disposiciones legales, reglamentos, mandamientos, etc., dictados por una autoridad.

LIBERALIDAD

Generosidad. Cesión de bienes a favor de una persona en forma graciosa, es decir, sin contraprestación alguna.

LIBRO DE ACTAS

Documento que en legal forma se debe llevar en los edificios en régimen de propiedad horizontal para consignar los acuerdos comunitarios.

LICENCIA

Permiso. Autorización o facultad para hacer o realizar alguna actividad.

Documento en el que figura dicha autorización.

LICENCIA MUNICIPAL

Es la que debe solicitar el interesado al ayuntamiento de su localidad para poder realizar cualquiera de las siguientes actividades:

— parcelaciones urbanas;
— movimientos de tierras;
— obras de nueva planta;
— modificaciones y reformas que afecten a la estructura o al aspecto exterior de los edificios;
— primera utilización y posteriores modificaciones del uso de los edificios;
— demolición de construcciones;
— colocación de carteles publicitarios visibles desde la vía pública;

— las demás que determinen las ordenanzas Municipales y/o Planes de Urbanismo de la localidad.

LÍCITO

Justo. Legítimo. Permitido. Lo que es legal o conforme a la ley.

LÍMITE

Lindero o linde. Final de un derecho o facultad.

LINDE

Límite o línea que divide dos fincas contiguas. Lindero.

LITIGANTE

Cada una de las partes que pleitean o litigan (demandante o demandado).

LITIGIO

Pleito. Controversia judicial. Disputa. Juicio que se celebra ante un juez o tribunal.

LLAVE

Instrumento metálico que sirve para abrir o cerrar las cerraduras de las puertas. La entrega de las llaves de un piso o local equivale a ponerlo a disposición del comprador o del arrendatario.

LLAVE DE PASO

Está instalada sobre el montante en un lugar accesible para el abonado, para poder cerrar el suministro cuando sea necesario.

A partir de ella empieza la instalación interior particular.

LLAVES EN MANO

Dícese de los contratos en los que el comprador recibe las llaves del piso o local en el momento de firmarlos, aunque se aplace el pago del precio convenido, o de parte de él.

LOCACIÓN

Arrendamiento. Contrato de alquiler.

LOCAL

Parte del edificio, situado en la planta baja y destinado a la realización de actividades de tipo comercial o de servicios. Los locales comerciales son, por naturaleza, elementos privativos, pero alguno de ellos puede ser común, si en el título constitutivo se atribuye su propiedad a la comunidad, para destinarlo a algún fin de interés colectivo (guardería, sala de juntas, alquiler en común, etc.).

LOCAL DE NEGOCIO

Edificación habitable cuyo destino primordial no sea la vivienda sino el ejercer en ella, con establecimiento abierto, una actividad de industria, comercio o enseñanza con fin lucrativo.

LOCALIDAD

Pueblo, villa o ciudad. Núcleo de población, con independencia de su tamaño. Municipio.

LOSA

Piedra llana y de poco espesor, utilizada para cubrir el suelo. Placa de hormigón armado que es empleada como forjado del suelo. Entrepiso de hormigón.

LUGAR

Población, localidad donde se ha producido un hecho determinado (lugar de nacimiento, lugar de pago, de residencia, etc.).

M

MAGISTRADO

Miembro de la Judicatura cuya función específica es la de impartir justicia. Miembro de la Audiencia provincial, territorial, o del Tribunal Supremo.

MALA FE

Perversidad. Dolo. Mala intención. Actuar ilegalmente y en perjuicio de otro. Obrar a sabiendas de forma antijurídica.

MAMPARA

Elemento de separación entre espacios y habitaciones, elaborado con madera, metal, vidrio o materiales sintéticos, susceptible de ser des-montado, o de tipo plegable o corredero. Los dueños de viviendas y locales son libres de colocarlos en su interior, siempre que su instalación no afecte a ningún elemento común del edificio.

MANCOMUNAR

Unir. Asociar. Acordar en común la realización de actos o conseguir otros fines, diferenciando la obligación de cada uno separadamente.

MANCOMUNIDAD

Corporación legalmente constituida por la agrupación de municipios, provincias u otros entes públicos, para ejecutar coordinadamente planes en común.

Mandatario

Apoderado. Persona que en virtud del encargo recibido actúa en nombre de su representado.

Mandato

Según el Código Civil, por el contrato de mandato se obliga a una persona (mandatario) a prestar algún servicio o a hacer alguna cosa, por cuenta o encargo de otra (mandante). Orden, precepto, encargo.

Mano de obra

Trabajo manual. Conjunto de trabajadores utilizados para llevar a cabo una obra o tarea. Por extensión, coste de los salarios pagados.

Mantenimiento

Trabajos destinados a la conservación en buen estado de los elementos comunes, y a la reparación del deterioro normal, causado por el uso y el transcurso del tiempo. Los gastos de mantenimiento de los elementos comunes corren a cargo de la comunidad.

Máquinas

El mantenimiento y las reparaciones de las máquinas destinadas a un servicio común (ascensores, montacargas, calderas de calefacción, etc.) corren a cargo de la comunidad, la cual es responsable de los daños ocasionados por incumplir su obligación de conservarlas en óptimas condiciones de seguridad.

Matriz

Parte de un libro o talonario (cheques, títulos u otros documentos) que queda unida al separarse los talones. La matriz contiene los datos esenciales de lo que figura en la parte separada. Escritura o documento en que consta la celebración de un acto jurídico y que se conserva en el protocolo o registro.

Mayoría

Grupo mayoritario en una asamblea, congreso o junta. Mayor número de votos obtenidos en una elección o votación. Se considera mayoría absoluta cuando consta de más de la mitad de los votos, y relativa cuando está formada por el mayor número de votos, no en relación al total de estos, sino al número de otros grupos de votantes.

En las comunidades de propietarios, se exige la mayoría absoluta de estos y de las cuotas, para aprobar los acuerdos ordinarios en primera convocatoria, y la mayoría de asistentes y de sus cuotas, en segunda.

Mayoría reforzada

Se dice de aquellos casos en los que la ley o los estatutos exigen un número de votos a favor, superior a la mayoría absoluta, para aprobar cierto tipo de acuerdos. Para el establecimiento o la supresión de un ascensor hace falta una mayoría de 3/5 partes del total de propietarios que representen las 3/5 partes de las cuotas.

Medianera

Se aplica a la pared o muro que existe entre dos fincas contiguas.

Medianería

Copropiedad de la pared o muro situado entre dos fincas colindantes. En ciertos casos, constituye una servidumbre. Se presume la servidumbre de medianería, salvo prueba en contrario: en las paredes divisorias de los edificios contiguos hasta el punto común de elevación; en las paredes divisorias de los jardines o corrales sitos en los pueblos o en el campo; en las cercas, vallados o setos vivos que dividen los predios rústicos.

Medición

Acción y efecto de determinar la longitud, extensión, volumen o capacidad de algo.

Mejoras

Tipo de obras que no deben confundirse con las meras reparaciones, sino que suponen la introducción de innovaciones en el edificio, convirtiéndolo en más seguro, cómodo o lujoso. Para acordarlas, la LPH sólo exige el acuerdo mayoritario de los vecinos.

Minuta

Borrador o extracto de un contrato o documento. Cuenta que presentan los abogados de sus honorarios.

Mobiliario

El instalado en el vestíbulo, la escalera, rellanos y otros elementos comunes (tresillos, asientos, espejos, lámparas, grabados, etc.) tiene también la consideración de común, perteneciendo a la comunidad de propietarios en su conjunto.

Moción

Proposición o petición que se formula a una asamblea o junta, por alguno de sus miembros.

Mojón

Señal de piedra u otro objeto permanente que sirve para fijar los límites de una finca, delimitar territorios, o señalar distancias en una carretera o camino.

MONTACARGAS

Aparato elevador destinado a mercancías, mobiliario, carros de compra, etc. Es un elemento común y pueden aprobarse normas sobre su uso en los estatutos o en reglamentos de régimen interior.

MONTANTE

Cada uno de los elementos verticales del bastidor de una puerta o ventana. Piezas o partes de un conjunto que se elevan para sostener a las superiores. Pequeña ventana o bastidor de cristal sobre la puerta de una habitación.

MORA

Dilación. Retraso culpable en el cumplimiento de una obligación. Según el Código Civil incurren en mora los obligados a entregar o a hacer alguna cosa, desde que el acreedor les exija judicial o extrajudicialmente el cumplimiento de su obligación.

MORADA

Domicilio. Residencia. Hogar doméstico. Vivienda.

El allanamiento de morada, o sea, la entrada en domicilio ajeno, contra la voluntad expresa o tácita de su dueño, constituye un delito contra la propiedad.

MORATORIA

Plazo de tiempo o prórroga que se concede al deudor para la satisfacción de una deuda que ya está vencida.

Suspensión acordada por la Administración pública del vencimiento del pago de impuestos y otros conceptos tributarios, por razón de un acontecimiento catastrófico.

MOROSO

Persona que no atiende al pago de sus deudas en la fecha de su vencimiento.

MORTERO

Material aglomerante que está formado por cal, cemento, yeso, entre otros. Estos materiales se mezclan con arena y agua.

MULTA

Pena pecuniaria que se impone por una infracción administrativa, de policía, o penal.

MUNICIPIO

Circunscripción administrativa regida por un ayuntamiento. Conjunto de habitantes que residen en un término municipal. Edificio donde se reúne la corporación municipal.

MURO

Pared. Elemento arquitectónico construido en vertical, por medio de ladrillos, mampostería u otros materiales. Si forma parte de la estructura de sustentación del edificio, se denomina «muro de carga» y es, necesariamente, un elemento común.

MUTUA

Sociedad aseguradora sin ánimo de lucro que, a base de cuotas fijas y, si son necesarias, de derramas, cubre los riesgos de sus socios o mutualistas.

Es sinónimo de mutualidad. Sólo las mutuas o mutualidades y las sociedades anónimas pueden ser entidades aseguradoras.

MUTUO ACUERDO

Compromiso libremente aceptado por quienes intervienen en una relación o negocio jurídico.

N

NEGLIGENCIA

Descuido, falta de cuidado. Omisión de las precauciones normales que tienen que adoptarse para evitar que nuestros actos perjudiquen a los demás. Imprudencia.

NEGOCIO JURÍDICO

Actos humanos voluntarios lícitos que tengan por fin inmediato producir efectos jurídicos. Crear, modificar o extinguir un derecho jurídico.

NOCIVO

Lo que resulta perjudicial y pernicioso para los animales o cosas, a diferencia de lo insalubre, que se refiere únicamente a las personas.

NOMBRAMIENTO

Acción y efecto de nombrar.
Documento acreditativo en que se designa a alguien para un cargo u oficio.

NOMINATIVOS

Se denominan así los títulos de crédito extendidos a nombre de una persona determinada.

NORMAS BÁSICAS

En arquitectura, las que contienen las reglas mínimas para garantizar la seguridad de los edificios y sus instalaciones, y que deben respetarse siempre al elaborar un proyecto de obra.

NORMAS TECNOLÓGICAS

Las contenidas en los textos reglamentarios, que ofrecen soluciones mínimas para ciertos problemas arquitectónicos. El arquitecto proyectista puede no adoptar dichas soluciones, aplicando otras alternativas, siempre que ofrezcan, por lo menos, el mismo grado de seguridad.

NOTA MARGINAL

Es la que se extiende al margen del asiento principal, para que consten hechos que completan o modifican este. Son importantes las notas marginales que constan en los libros de los registros de la propiedad.

NOTARIO

Cargo al que se accede mediante oposición y que da a la persona que lo ostenta la condición de funcionario público, estando autorizado para dar fe de los contratos, testamentos y otros actos extrajudiciales en los que interviene.

NOTIFICACIÓN

Acto mediante el cual se da conocimiento a las partes intervinientes de resoluciones o decisiones judiciales y/o administrativas que pueden afectar a sus derechos y/o intereses. Las notificaciones pueden ser: personales, por medio de cédula; y en estrados, a los litigantes y rebeldes.

NÚCLEO DE POBLACIÓN

Localidad, independientemente de su extensión y número de habitantes.

NÚCLEO URBANO

Parte de un término municipal constituido por terrenos con los elementos urbanísticos mínimos, en el que residen la mayoría de sus habitantes.

NUDA PROPIEDAD

Restricción del derecho de propiedad, por estar gravada con un derecho real de goce o disfrute. Sobre la propiedad existe una servidumbre personal o usufructo. Al extinguirse, la nuda propiedad pasa a plena.

NUDO PROPIETARIO

Persona que tiene la nuda propiedad sobre un bien o un derecho, que está gravado con un usufructo.

NULIDAD CONTRACTUAL

Es la situación más completa de ineficacia jurídica de un contrato. Se habla de contrato nulo cuando, por infringir una norma de carácter imperativo, el contrato no produce efecto jurídico alguno.

Nulo

Sin fuerza o valor para obligar o tener efecto.

O

OBLIGACIÓN

Vínculo jurídico mediante el cual una de las partes se obliga a dar, hacer o no hacer respecto de otra parte.

OBLIGACIÓN ACCESORIA

Es la que acompaña a la obligación principal.

Precisamente de esta obligación principal depende su existencia.

OBLIGACIÓN LEGAL

Es la impuesta por la ley.

La existencia de la obligación legal no se presume y solamente la ley (o bien las normas jurídicas) pueden darle origen.

OBLIGACIÓN MANCOMUNADA

Obligación colectiva que pesa sobre dos o más deudores a favor de dos o más acreedores.

Cada deudor está obligado por una parte determinada.

OBLIGACIÓN A PLAZO

Es aquella cuyo cumplimiento está relacionado con el transcurso del tiempo.

Se refiere a un día determinado o indeterminado.

OBLIGACIÓN PURA

Obligación exigible que no está sometida ni a condición, ni a plazo, ni a modo.

Obligación solidaria

Es aquella en la que cualquiera de los acreedores puede reclamar por sí, en virtud de la disposición expresa del título constitutivo o por precepto de la ley, la totalidad del crédito, o en la que cada uno de los deudores está obligado a satisfacer la deuda entera, sin perjuicio del abono o resarcimiento que a posteriori determinen el cobro o el pago entre el que lo realiza y sus cointeresados.

Obligaciones recíprocas

Son aquellas en las que las dos partes contratantes adquieren recíprocamente calidad de deudor y acreedor. La prestación de una parte debe ser causa y equivalencia de la otra.

Obra

Resultado del trabajo de un contratista, por encargo del promotor, comitente o dueño. Se aplica tanto a las de nueva construcción como a las de rehabilitación, reforma y conservación, tanto del edificio como de sus diferentes elementos, viviendas y locales, o de alguna parte de ellos.

Obra de mejora

Es la que no resulta necesaria, sino que se realiza para introducir algún nuevo servicio o aumentar la utilidad de los ya preexistentes en el edificio, o por motivos puramente estéticos. La comunidad puede aprobarlas por mayoría, pero, a quienes no estén de acuerdo, no se les puede obligar a contribuir al gasto si este supera al de tres mensualidades ordinarias, y tampoco pueden ser privados de su uso. Los disidentes, si después desean adherirse a la mejora realizada, tienen pleno derecho a hacerlo, abonando a la comunidad la parte que les hubiera correspondido del gasto de su instalación.

Obra necesaria

Es la que la comunidad está obligada a realizar, para mantener la estabilidad del edificio, o conservar en buen estado sus elementos comunes. También las que debe realizar el propietario de una vivienda o local para mantenerlo en condiciones de ser utilizado por el inquilino o arrendatario a quien se lo ha alquilado (véase esquema en página siguiente).

Obra nueva

Es la construcción hecha sobre cimientos nuevos y la que se verifica sobre cimientos viejos si se cambian su forma y fachada. La comunidad puede interponer un interdicto de obra nueva, solicitando su paralización, si la lleva a cabo algún propietario sin estar autorizado, o bien se

```
                        OBRA NECESARIA

                        ┌── Ordinarias: reparar ascensor
            * Reparaciones ─┤
                        └── Extraordinarias: reparar daños causados por la lluvia
   OBRAS ─┤
                        ┌── Útiles: introducir adelantos técnicos
            * Mejoras ──┤
                        └── Suntuarias: meramente de lujo
```

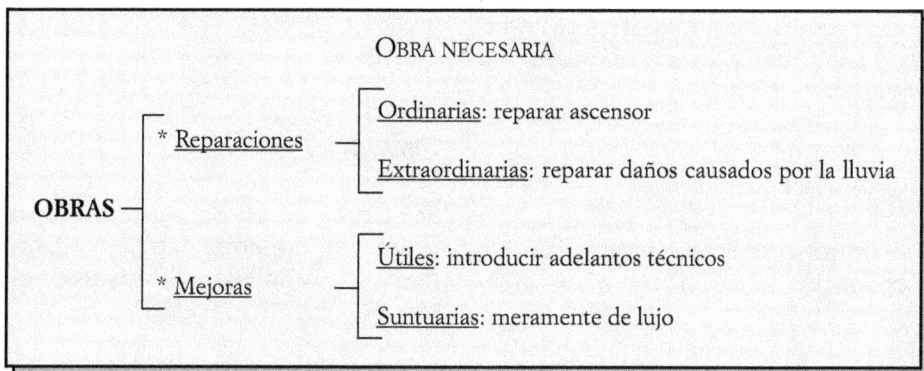

realiza en un edificio colindante causando daños en el propio, o sin respetar servidumbres, medianerías, etc. (véase *Interdicto*).

OBRA RUINOSA

Es la que, por mala construcción, conservación deficiente o causas fortuitas, amenaza ruina. La comunidad puede interponer un interdicto de obra ruinosa, solicitando al juez que ordene, al dueño o comunidad de propietarios de un edificio colindante, que lo repare, apuntale o derribe, para evitar que su ruina ocasione daños en el propio.

OBRAS EN PISOS Y LOCALES

El propietario que desee llevarlas a cabo debe informar al presidente de la comunidad, garantizándole que no resultarán afectados los elementos comunes del edificio. De lo contrario, no podría realizarlas sin el consentimiento de la junta, por unanimidad de los propietarios.

OCUPACIÓN

Ocupación material de una cosa o derecho. Es el modo más antiguo y natural de adquisición del derecho de propiedad, y de posesión.

OCUPACIÓN TEMPORAL

Es el derecho a utilizar, en caso de fuerza mayor, la propiedad ajena total o parcialmente, por un plazo de tiempo determinado.

OMISIÓN

No hacer. Dejar de hacer. En determinados supuestos puede estar pe-

95

nada por la ley, si se observa el incumplimiento de los deberes impuestos por ella.

ONEROSO

Lo que supone gravamen, carga u obligación.

ÓRGANO

Persona o grupo de personas que, en una sociedad o entidad, tiene atribuidas una serie de funciones propias. El órgano soberano de una comunidad de propietarios es la junta o asamblea.

OSTENTAR

Ser titular de un derecho, cargo, o condición, de forma patente y manifiesta (la propiedad de un piso, el cargo de presidente, etc.).

OTORGAR

Autorizar, conceder, consentir o realizar una cosa que se pide o se pregunta.

P

PABELLÓN

Edificio, por lo común aislado, pero que forma parte de otro, o depende de alguna manera de él. Los edificios en régimen de propiedad horizontal pueden poseer pabellones exteriores. Su carácter de elementos comunes o privativos depende del uso al que estén destinados y de los que determine el título constitutivo.

PACTAR

Convenir o asentar ciertas condiciones para concluir un negocio. Contemporizar una autoridad.

PACTO

Acuerdo respecto de algo. Tratado.

PADRÓN MUNICIPAL

Relación pública de los habitantes de un municipio a efectos administrativos.

PAGAR

Satisfacer, abonar una cantidad de dinero, o algo que se adeuda. Realizar algo en pago. En general, cumplir una obligación.

PAGARÉ

Documento privado por el que una persona se compromete a pagar a otra una suma de dinero, en un lugar y momento determinados, sin reunir los requisitos necesarios para ser considerado como una letra de cambio.

PAGO

Acción de pagar. Retribución. Abono de una deuda. Cumplimiento de una obligación. Entrega de dinero.

PAGO A CUENTA

Cantidad parcial que el deudor satisface al convenirse la obligación y que la reduce en la medida de su monto, pendiente de una liquidación final.

PARED

Muro. Se llaman paredes maestras a las que forman parte de la estructura del edificio. Las paredes maestras son siempre elementos comunes, aun en las partes que se encuentran en el interior de las diferentes viviendas y locales. Los dueños de estos no pueden hacer en ella ningún tipo de obra que afecte a su resistencia, sin el consentimiento unánime de la comunidad y previa consulta a un arquitecto.

PARED MEDIANERA

Muro divisorio de edificios contiguos, que pertenece a los dueños de ambos.

PARTE

En un contrato, persona o grupo de personas que defienden los mismos intereses, contrarios a los de otra u otras.

PARTE ALÍCUOTA

Cada una de las partes proporcionales que miden exactamente a su todo.

Por ejemplo, un cuarto, un medio, o un porcentaje o centésima.

PATIO

Espacios huecos interiores en los edificios, que garantizan la ventilación de las habitaciones cuyas ventanas no dan a la fachada de la construcción.

Tanto el hueco, el espacio vacío del patio, como el suelo del mismo y las galerías de los pisos superiores son elementos comunes, aunque sólo puedan ser utilizados por el titular de cada uno de ellos.

Por lo tanto, no se pueden realizar obras en ellos sin autorización expresa de la junta, otorgada por unanimidad.

PATRIMONIO NACIONAL

Son unos bienes determinados, generalmente inmuebles, cuya propiedad pertenece al Estado, como bienes del dominio público. Son inembargables, imprescriptibles, y no pueden ser gravados.

PENA PECUNIARIA

Multa; la que priva o disminuye los bienes a un delincuente o a quien comete infracciones administrativas.

PENALIZACIÓN

Acto de penalizar, de imponer una sanción a una persona por los actos que realice.

PERENTORIO

Lo que fenece y no admite prórrogas; lo excluyente o decisivo. Excepción perentoria es la que extingue el derecho del actor o demandantes.

PERICIAL

Concerniente o relativo al perito. Juicio, tasación, prueba pericial.

PERITACIÓN/PERITAJE

Trabajo o estudio del perito sobre el asunto que le encomienda su cliente o el juez.

PERITO

Persona que posee un título técnico inferior al de ingeniero. Especialista en una materia determinada. Jurídi-camente nos referimos al que informa en un procedimiento, bajo juramento, sobre cuestiones litigiosas relacionadas con su especialidad o experiencia: arquitectos, aparejadores, ingenieros, médicos, etc.

PERJUICIO

Daño material o moral, ganancia determinada que se deja de obtener, o gastos, que se derivan de una acción ajena, intencionada o imprudente. Quien los sufre tiene derecho a ser indemnizado por el culpable.

PERMISO

Autorización, licencia. Consentimiento de quien tiene autoridad para que el que lo solicita pueda hacer algo que, en caso contrario, le estaría prohibido.

PERMUTA

Contrato por el cual cada uno de los contratantes se obliga a dar una cosa para recibir otra a cambio. No se cambia una cosa por dinero, sino dos cosas entre sí.

PERMUTANTE

Cada una de las partes de los interesados del contrato de permuta.

PERSONA

Entidad susceptible de adquirir derechos y contraer obligaciones. Se puede hablar de persona física o jurídica.

PERSONA FÍSICA

Referida al individuo de la especie humana. Hombre o mujer cuyo nombre se omite.

PERSONA JURÍDICA

Es toda entidad pública o privada susceptible de derechos y obligaciones, que está compuesta por personas físicas o jurídicas. Debe constituirse con arreglo a las disposiciones legales y estar reconocida por la ley. Esta entidad es independiente de las personas físicas o jurídicas que la componen, pues se le reconoce individualidad propia. Son personas jurídicas:

— las asociaciones, corporaciones y fundaciones de interés público reconocidas por la ley: su individualidad jurídica comienza desde el mismo instante en que, conforme a derecho, hubiesen quedado válidamente constituidas;
— las asociaciones de interés particular, bien sean civiles, mercantiles o industriales, a las que la ley les conceda individualidad propia, independiente de la de cada uno de sus asociados.

Las comunidades de propietarios no son personas jurídicas.

PILAR

Columna. Estructura vertical de obra, hormigón o hierro que sirve para sustentar un edificio, como alternativa de los muros de carga o paredes maestras. Los pilares son siempre elementos comunes del edificio, incluso las partes de ellos que se encuentren en el interior de las viviendas y locales.

PINÁCULO

Parte superior y más alta de un edificio, en forma de torre o pirámide puntiaguda.

PINTURA

El coste de la pintura de la fachada, patios, vestíbulo, escaleras, rellanos y demás elementos comunes corre a cargo de la comunidad.

PISCINA

En los edificios que cuentan con este servicio, la piscina suele ser un elemento común, para uso y disfrute indistinto de todos los copropietarios y sus familias. Estos pueden aprobar normas en los reglamentos (por mayoría) o en los estatutos (por unanimidad) sobre el uso de la piscina: prohibición de ciertos juegos o de entrada de personas ajenas a la comunidad, horarios, vestimenta, etc., que deberán ser respetadas. Los gastos de mantenimiento y reparaciones de la piscina y sus elementos anexos (bombas, filtros, iluminación, jardines, etc.) corren a cargo de la comunidad, y todos los copropietarios deben contribuir en proporción a sus cuotas, aun aquellos que no utilicen esas instalaciones.

Sin embargo, el promotor del edificio puede haberse reservado la propiedad exclusiva de la piscina para explotarla personalmente, haciéndolo constar así en el título constitutivo antes de vender alguno de los pisos o locales.

Piso

Planta de un edificio, o cualquiera de los apartamentos situados en ella.

Los pisos pueden ser destinados a vivienda permanente, a segunda residencia o a la realización de actividades comerciales, profesionales, educativas, etc.

Plan Especial de Reforma Interior

El que se aprueba para ordenar las reformas urbanísticas de algún barrio, zona o sector del casco urbano de una población.

Plan General Municipal de Ordenación

Es el que abarca la totalidad del término municipal procediendo a la clasificación del suelo en urbano, urbanizable y no urbanizable, programando las futuras actuaciones en el urbanizable y las reformas interiores en el urbano, además de contener estándares mínimos de edificación, normas sobre protección de la agricultura, espacios naturales, edificios o conjuntos histórico-artísticos, zonas o paisajes de interés turístico, etc.

Plan Parcial

El que se refiere a un sector de suelo urbanizable programado, estableciendo la calificación del suelo, la red viaria, elementos urbanísticos, plazas, jardines, edificios públicos y equipamientos.

Planes de urbanismo

Normas municipales por medio de las cuales se programa la ampliación y/o reforma del casco urbano de forma ordenada, salvaguardando intereses económicos, sociales, ecológicos, arqueológicos, arquitectónicos, turísticos, etc.

Plazas (de aparcamiento)

Si el edificio cuenta con un espacio común destinado al aparcamiento de vehículos, las plazas del mismo pueden ser también comunes si pueden ser usadas indistintamente por cualquier copropietario. Pero, lo más frecuente es que cada uno tenga asignada una plaza (o varias) para su uso exclusivo, en cuyo caso el aparcamiento en sí será un elemento común, pero cada una de sus plazas será privativa, considerada como anexo de la vivienda o local correspondiente.

Plazo

Periodo de tiempo al cual pueden someterse numerosos actos jurídicos y que consiste en subordinar la adquisición, modificación, pérdida o extinción de un derecho u obligación al transcurso del tiempo.

Pleito

Disputa o litigio judicial entre partes. Causa o juicio de carácter contencioso que se prolonga ante la jurisdicción civil.

Plusvalía

Es el mayor valor que, por circunstancias ajenas a sus propietarios o poseedores, adquiere una cosa, generalmente un bien inmueble. En la actualidad se denomina «Impuesto municipal sobre el valor de los terrenos de naturaleza urbana», el que se debe pagar al ayuntamiento al realizarse la transmisión de un inmueble, salvo determinadas excepciones (conocido como «plusvalía municipal»).

Poder

Escritura de poder es aquella por la cual una persona faculta a otra parte para que la represente y obre en su nombre. Así, por ejemplo, la otorgada a favor del administrador para realizar ciertos actos en nombre de la comunidad.

Poder judicial

Conjunto de órganos jurisdiccionales encargados de administrar justicia.

Póliza de seguros

Es aquella en la que constan las cláusulas por cuyo tenor se suscribe un contrato de esta naturaleza. Constan en ella las partes contratantes y sus derechos y obligaciones.

Portal

Vestíbulo de la casa donde se encuentra la puerta principal.

PORTERO

Empleado de fincas urbanas que habitualmente tiene su domicilio en el mismo edificio. Es un empleado contratado por la comunidad, la cual le proporciona la vivienda, agua, gas y electricidad, además del salario establecido en el convenio del sector. Sus funciones son de vigilancia, impidiendo la entrada al edificio a personas ajenas al mismo, e información a los vecinos y visitantes, recogida de correspondencia, control del personal de limpieza, etc. La recogida de la basura de los pisos es un servicio voluntario para el que se pacta una retribución independiente.

POSESIÓN

Es el acto de poseer, de tener algo. Es la ocupación material. La posesión se ejerce sobre las cosas o derechos, por la misma persona que los tiene y los disfruta, o bien por otra en su nombre. La posesión puede tenerse en el concepto de dueño o en el de tenedor de la cosa o derecho para conservarlo o disfrutarlo, perteneciendo el dominio a otra persona. Sólo pueden ser objeto de posesión las cosas y derechos susceptibles de apropiación.

POSESIÓN MEDIATA

Este tipo de posesión implica que hay dos personas que son titulares de la posesión sobre una misma cosa: la persona que tiene la posesión mediata y la que tiene la posesión inmediata. Es preciso que la posesión inmediata se fundamente en un título que autorice para conservar y disfrutar una cosa. El poseedor mediato tiene la facultad de reclamar la recuperación de la cosa en el momento oportuno.

POSESIÓN PRO INDIVISO

Es la que tienen dos o más personas sobre una cosa o derecho común.

POSPOSICIÓN DE HIPOTECA

Acto dispositivo del titular de hipoteca ya constituida por el que consiente que se dé rango preferente bien a una hipoteca ulterior que se constituirá en el futuro, bien a una que se constituye al acordar la posposición o que ya está constituida.

POSTERGAR

Retrasar. Dejar algo para más adelante. Dilatar la resolución de un asunto más tiempo del normal.

PRECARIO

De poca estabilidad. Inseguro. En sentido estricto se entiende que es un préstamo revocable a voluntad del que lo ha realizado. Jurídicamente, es una figura que, a falta de definición legal, ha ido elaborando la jurisprudencia hasta dejarla cristalizada como: la ocupación sin título, o en virtud de un título nulo o que haya perdido su vigencia; es decir, una mera ocupación tolerada y sin contraprestación, ni pago de renta o merced alguna.

Nuestra legislación dice que «procederá el desahucio y podrá dirigirse la demanda contra cualquier persona que disfrute o tenga en estado precario la finca, sea rústica o urbana, sin pagar merced, siempre que fuera requerida con un mes de anticipación para que la desocupe».

PRECAUCIONES

Medidas de seguridad que todos deberán adoptar, en función de las circunstancias, para evitar que nuestros actos causen daños a otras personas o a sus bienes.

PRECIO

Es el valor en que se estima algo. Generalmente referido a una cantidad de dinero. Nuestra legislación contempla en cuestiones concretas «el precio»; así, por ejemplo, considera indispensable el precio o cantidad de dinero que el comprador está obligado a pagar al vendedor en la compraventa, o en la ejecución de obras.

PRECONTRATO

Documento en el que dos o más personas convienen y se comprometen a formalizar un contrato en un plazo de tiempo determinado.

PREDIO

Finca o heredad. Inmueble.

PREDIO DOMINANTE

Referido a la finca en cuyo favor está constituida alguna servidumbre.

PREDIO SIRVIENTE

Es la finca gravada con una servidumbre en favor de alguien o de otro predio.

PREJUDICIAL

Lo que requiere decisión previa.

Las cuestiones prejudiciales son materia del procedimiento penal, ya que en lo civil se denominan «excepciones».

Son aquellas cuestiones sobre las que necesariamente tiene que recaer una decisión previa al enjuiciamiento de otras y cuya resolución deberá tenerse en cuenta para las segundas, por existir entre ambas un enlace o conexión.

PRELACIÓN

Preferencia de una cosa con respecto a otras. Así, por ejemplo, la prelación de créditos es el orden legal de preferencia de pago de determinados créditos.

PRENDA

Es un derecho real de garantía con desplazamiento posesorio, que se constituye sobre una cosa mueble. Esta, que se denomina entonces cosa pignorada o cosa empeñada, es entregada al acreedor de una deuda, denominado acreedor prendario o acreedor pignoraticio, para que, en caso de impago de aquella, pueda enajenar la cosa pignorada y, con el precio obtenido, cobrar lo que se le debía.

PRESCRIPCIÓN

Es un modo de adquirir el dominio y demás derechos reales por medio del transcurso del tiempo, previa observación de la forma y condiciones establecidas legalmente. Asimismo, se extinguen de igual forma, por transcurso del tiempo fijado por la ley, los derechos y las acciones, de cualquier clase que sean.

Por la prescripción se consolida una situación jurídica «de facto», al transcurrir un plazo determinado de tiempo.

Nuestra legislación dice que son susceptibles de prescripción todas las cosas que están en el comercio de los hombres.

La prescripción es estimable a instancia de parte.

PRESCRIPCIÓN ADQUISITIVA

Es el medio legal para adquirir la propiedad por una posesión ininterrumpida, durante un plazo de tiempo fijado legalmente.

PRESCRIPCIÓN EXTINTIVA

Medio legal de liberación de un cargo u obligación, cuando su ejecución no es exigida por el acreedor durante un tiempo determinado.

PRESIDENTE

Cargo necesario que ostenta uno de los propietarios de la comunidad, nombrado por los copropietarios. Puede ser elegido mediante votación o por turno rotatorio, según dispongan los estatutos. El presidente es el representante de la comunidad en sus actuaciones, tanto judiciales como extrajudiciales, siguiendo las instrucciones aprobadas por la junta. Además, en las comunidades donde no exista secretario o administrador, el presidente deberá ejercer también tales funciones.

PRÉSTAMO

Nuestra legislación ofrece una definición muy concreta: «Por el contrato de préstamo una de las partes entrega a la otra, o alguna cosa no fungible para que use de ella por cierto tiempo y se la devuelva, en cuyo caso se llama comodato, o dinero u otra cosa fungible, con la condición de devolver otro tanto de la misma especie y calidad, en cuyo caso conserva simplemente el nombre de préstamo.

El comodato es esencialmente gratuito.

El simple préstamo puede ser gratuito o con pacto de pagar interés».

PRÉSTAMO HIPOTECARIO

Es aquel en el que se garantiza la devolución de lo prestado con la constitución, a favor del prestamista, de un derecho real denominado hipoteca.

Por lo general, este derecho es sobre una finca o bien inmueble.

PRIMA

Cantidad que paga el asegurado al asegurador como precio o coste del seguro.

Cantidad extra de dinero que se cobra, a manera de incentivo, por incrementar el rendimiento en el trabajo.

PRIMERA COPIA

Se refiere, generalmente, a la reproducción de la escritura matriz que se obtiene por primera vez. Nuestra legislación dice que: «Desaparecidos el protocolo, la escritura matriz o los expedientes originales, hacen prueba las primeras copias sacadas por el funcionario público autorizante».

PRIMERA INSTANCIA

Primer grado jurisdiccional en el que se sigue y se resuelve un proceso. Caso de que alguna de las partes no esté conforme con el fallo se acude a la segunda instancia, donde un tribunal superior revisa la sentencia del primero y, si la considera correcta, confirma la sentencia, o en caso contrario, la revoca.

PRIVACIÓN DE DERECHOS

Sanción legal por la que se priva a una persona de determinados derechos que poseía, como por ejemplo la inhabilitación para ostentar un cargo, dignidad, ejercer la patria potestad, votar, etc.

PRIVAR

A petición de la junta, el juez puede privar a cualquier propietario del uso de su piso o local, por desarrollar en él actividades molestas, peligrosas, inmorales, dañinas para el inmueble, insalubres o prohibidas por los estatutos, durante un plazo máximo de dos años. Si el infractor es un arrendatario o usufructuario, la sentencia puede privarle de su derecho.

PRIVATIVO

Privado, de propiedad particular. En un edificio, son elementos privativos, por oposición a los comunes, sus diferentes pisos y locales, susceptibles de aprovechamiento independiente por contar con acceso a la vía pública o a un elemento común, y los anejos de los mismos.

PRO INDIVISO

Situación de un bien o de una cosa que no se ha dividido entre sus poseedores o propietarios.

Este concepto se aplica a los bienes poseídos por varias personas conjuntamente por haberlos adquirido así o por heredarlos.

PROCEDIMIENTO

Método o sistema de proceder. Los procedimientos jurídicos son tantos como las funciones de los diversos poderes del Estado y se dividen en: judicial, administrativo, laboral y legislativo. Conjunto de actos, diligencias o resoluciones que comprenden la iniciación, instrucción, desenvolvimiento, fallo y ejecución en una causa o pleito.

PROCEDIMIENTO DE APREMIO

Conjunto de actuaciones y diligencias dirigidas a la ejecución y realización de los bienes embargados, para con lo obtenido hacer pagar al acreedor de sus derechos.

PROCESO

Conjunto de autos, escritos, diligencias, actuaciones y resoluciones en una causa o proceso, que se emplean para averiguar la comisión de un delito y determinar la culpabilidad de las personas que han intervenido en él.

PROCURADOR

Mandatario. Representante. Apoderado. Persona licenciada en Derecho que se halla debidamente autorizada para representar a otra en juicio (por eso se le denomina «Procurador de los Tribunales»). Nuestra legislación exige, en ocasiones, la comparecencia por medio de procurador, y dice: «La comparecencia en juicio será por medio de procurador legalmente habilitado para actuar en el tribunal que conozca del juicio [...]. El poder se acompañará con el primer escrito que el procurador presente o, en su caso, antes de la primera actuación».

PROGRAMA DE ACTUACIÓN URBANÍSTICA

Instrumento de planificación por medio del cual todo o parte del suelo clasificado como urbanizable no programado pasa a convertirse en urbanizable programado. Asimismo, contiene el trazado de la red viaria y demás elementos urbanísticos y el aprovechamiento medio, así como la división del terreno en sectores, que serán objeto de otros tantos planes parciales.

PROHIBICIONES

La Ley de Propiedad Horizontal prohíbe a los dueños y usuarios de pisos y locales realizar en ellos aquellas actividades que sean molestas, inmorales, insalubres, peligrosas o dañinas para el edificio, así como las que prohíban expresamente los estatutos de la comunidad. La comunidad puede solicitar judicialmente que los infractores sean privados del uso del piso o local cuando, apercibidos por el presidente, persisten en su actitud. Si se trata de un copropietario, su expulsión será temporal, por un período máximo de dos años, durante los que podrá alquilarlo. Pero si es un arrendatario o usufructuario,

perderá su derecho definitivamente, sin indemnización alguna.

PROMOTOR

Aquella persona o sociedad que decide, impulsa, programa y financia obras de edificación para sí o para su posterior venta o cesión.

PROMULGAR

Publicar formalmente. Jurídicamente se entiende como publicar una disposición legal a fin de que llegue a conocimiento de todos, siendo obligatoria desde el momento de su promulgación, a no ser que en ella misma se exprese la fecha de su entrada en vigor.

PROPIEDAD

Derecho a gozar y disponer de una cosa sin más limitaciones que las establecidas legalmente. Cosa que es objeto de dominio.

PROPIEDAD HORIZONTAL

Régimen especial de propiedad. Derecho singular y exclusivo de propiedad sobre un espacio delimitado y susceptible de aprovechamiento independiente, en el que se comprenden los elementos e instalaciones existentes dentro de él, así como los anejos que consten como tales en el título de propiedad, aunque estén situados fuera del espacio delimitado, y la copropiedad de los elementos y servicios comunes del total del edificio o finca. Se rige por la Ley de Propiedad Horizontal de 21 de julio de 1960, reformada en su casi totalidad en 1999 (véase esquema).

PROPIETARIO

Que tiene derecho de propiedad sobre un bien mueble o inmueble.

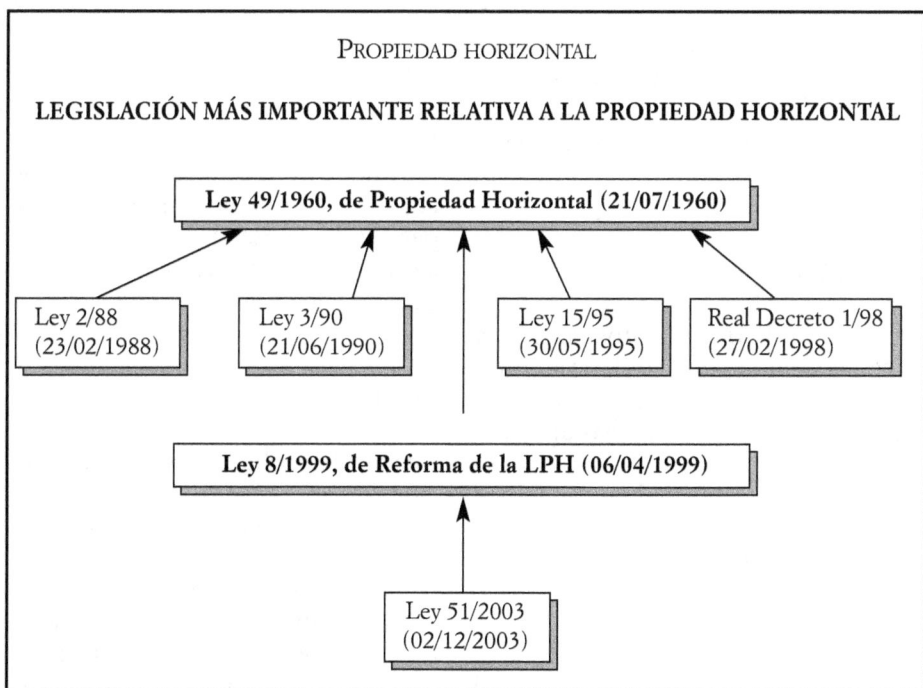

PRORRATA

Cuota o porción que toca a cada uno de lo que se reparte entre varios, hecha la cuenta proporcionada a lo más o menos que cada uno debe pagar o percibir.

PRORROGAR

Dilatar. Continuar, proseguir, prolongar la duración de una cosa por un tiempo determinado. Ampliar un plazo de tiempo señalado para efectuar algo.

PROPIEDAD HORIZONTAL

LEGISLACIÓN MÁS IMPORTANTE RELATIVA A LA PROPIEDAD HORIZONTAL

Ley 49/1960, de Propiedad Horizontal (21/07/1960)

| Ley 2/88 (23/02/1988) | Ley 3/90 (21/06/1990) | Ley 15/95 (30/05/1995) | Real Decreto 1/98 (27/02/1998) |

Ley 8/1999, de Reforma de la LPH (06/04/1999)

Ley 51/2003 (02/12/2003)

Protocolización

Acción y efecto de protocolizar. Es la incorporación que un notario o autoridad competente hace a su protocolo, de las actas y documentos que autoriza.

Según el reglamento notarial pueden protocolizarse «documentos públicos de todas clases, impresos, planos, fotograbados, fotografías o cualesquiera gráficos, cuya medida y naturaleza lo consientan. Su objeto es asegurar la fehaciencia de algo y su fecha de protocolización».

Proyectista

Aquella persona o sociedad que, por encargo del promotor y con sujeción a la normativa técnica y urbanística, redacta un proyecto de construcción de un edificio.

Proyecto

Conjunto de documentos gráficos y técnicos en los que se describen las características de una obra, para que el contratista se ciña a ellas al ejecutarla.

El proyecto normalmente consta de una memoria, los planos, el presupuesto y cuadros de precios, mediciones, prescripciones técnicas además de otros documentos, según la mayor o menor envergadura de la obra. En las simples reparaciones, el proyecto se reduce a un presupuesto y a la descripción del trabajo o reparación que se tiene que realizar. Los proyectos de obras que afecten a la estructura o al aspecto exterior del edificio tienen que ser elaborados por un arquitecto.

En aquellas obras que requieran la obtención previa de una licencia municipal, es frecuente adjuntar a su solicitud un resumen del proyecto, llamado «proyecto básico».

Obtenida la licencia, se desarrolla el definitivo, llamado «proyecto de ejecución», más detallado, que servirá de base para el contrato de obra con el contratista que deba ejecutarla.

Prudencia

Precaución.

Cuidados que cada uno debe adoptar, según las circunstancias, para evitar causar daños y perjuicios a otras personas al realizar actos que generan algún riesgo.

Prueba

Acción de probar. Argumento. Indicio.

Demostración de una afirmación, de la existencia de una cosa o de la realidad de un hecho.

Generalmente incumbe la carga de la prueba en juicio al que reclama el cumplimiento de la obligación, y la de su extinción, al que se opone. Las pruebas pueden hacerse por medio de instrumentos, por confesión, por inspección personal del juez, por peritos, por testigos y por presunciones. Nuestra legislación señala como medios de prueba en juicio la confesión, documentos públicos, documentos privados, correspondencia, libros de los comerciantes, dictamen de peritos, reconocimiento judicial, testigos, etc.

Punible

Acción u omisión merecedora de una pena o sanción, por disposición legal o estatutaria.

Puntal

Madero o viga de hierro o cemento hincada en firme, para sostener muros o edificios que amenazan ruina.

Q

QUEBRANTAR

Causar gran pérdida o daño. Infringir, transgredir o violar alguna ley, estatuto, obligación o palabra dada.

QUERELLA

Acusación contra uno, hecha formalmente por escrito ante el juzgado competente, con la intervención de un abogado y un procurador. Con ella se inicia un proceso penal, a instancia de parte. La persona contra la que se dirige la acción se llama querellado y la parte acusadora querellante.

QUICIO

Parte de las puertas y ventanas en la que se encuentran las bisagras y per-
nos que permiten su movimiento. Escalones que, en algunos edificios, existen entre la puerta y el nivel de la calle.

QUIOSCO

Puesto de venta de prensa, relojes, bolígrafos, bisutería, etc., que, en ocasiones, se encuentra en el vestíbulo de edificios, sobre todo antiguos. Su consideración de elemento privativo o común depende de lo que disponga sobre ellos el título constitutivo.

QUÓRUM

Indicación del número de miembros que deben asistir y son precisos para que una junta o asamblea pueda actuar válidamente. Asimismo significa el número necesario de votos para aprobar un acuerdo. En primera convocatoria no puede constituirse válidamente la junta de copropietarios si no asisten, presentes o representados, la mitad de los miembros de la comunidad y que ostenten también la mayoría de las cuotas de participación. En segunda convocatoria, la junta puede constituirse cualquiera que sea el número de asistentes.

R

Rango hipotecario

Es la cualidad que ostentan los derechos reales, coexistentes en una misma finca, en orden a la prelación de los unos respecto a los otros. En definitiva, el rango se ostenta por antigüedad registral.

Ratificar

Acción por la que el autor de actos, declaraciones o documentos confirma posteriormente su veracidad o autenticidad.

Realizar

Hacer real y efectiva una cosa. En el trato mercantil, sinónimo de vender, de convertir mercaderías en dinero.

Reaseguro

Es el contrato de seguro concertado entre dos compañías aseguradoras, una de las cuales actuará de aseguradora de la otra. Esta última, asegurada en el contrato de reaseguro, desea garantizarse de unos riesgos asumidos como aseguradora que, por su cuantía o naturaleza, exceden de los previstos normalmente en su plan de explotación.

Recepción

Acto expreso tácito por el cual el comitente se manifiesta de acuerdo con la obra que le entrega el contratista y acepta hacerse cargo de ella y pagarle el precio convenido (o la parte del mismo que quede pendiente). La recepción de una obra puede ser definitiva o, antes de esta, hacerse otra, provisional, estableciendo un plazo de tiempo como garantía frente a la posible aparición de vicios ocultos, cuya reparación correrá a cargo del contratista.

RECIBO

Recibimiento.

Resguardo firmado en el que se declara haber tomado algo de otra persona.

RECLAMACIÓN

Acto verbal o escrito por el que una persona exige a otro individuo que respete sus derechos o le pague lo que le debía.

Puede intentarse de forma extrajudicial, o acudir a los tribunales para ejercer la acción correspondiente en cada caso.

RECONDUCIR

Prorrogar tácita o expresamente un arrendamiento de vivienda o local de negocio.

RECTIFICAR

Subsanar un error o un defecto.

Dicha subsanación debe reflejarse en el acta de una junta.

RECURRIR

Acción de interponer un recurso en vía administrativa o contenciosa.

RECURSO

Acción que la ley concede a quien se considera perjudicado por una resolución judicial o administrativa, para formular reclamación contra ella ante quien la ha dictado o su superior inmediato, para obtener su reforma o revocación.

RECURSO ADMINISTRATIVO

Solicitud realizada ante un órgano administrativo competente para obtener la revisión por motivos legales de un acto administrativo.

RECURSO CONTENCIOSO-ADMINISTRATIVO

Es el que puede interponerse contra actos que hayan agotado la vía gubernativa, ante la Sala de lo Contencioso-Administrativo. Su admisión da lugar a un proceso similar a los juicios declarativos de menor cuantía.

RECURSO EXTRAORDINARIO

Es el que puede interponerse contra actos firmes, y ante el mismo órgano que los dictó, por haber existido manifiesto error de hecho, aparición de documentos ignorados, declaración judicial de falsedad de documentos o testimonios o existencia de delitos de prevaricación o cohecho.

En el primer supuesto, el plazo para interponerlo es de cuatro años; en los demás casos es, de tres meses.

RECURSO ORDINARIO

Es el que, en general, puede interponerse contra cualquier acto administrativo concreto, que no agote la vía gubernativa, por cualquier causa de nulidad.

Debe dirigirse al superior jerárquico del órgano que ha dictado el acto que se recurre.

El plazo para interponerlo es de un mes a partir de la fecha de interposición.

REDHIBICIÓN

Es el intento de rescisión o anulación de una venta que hace el comprador, por no haber manifestado al vendedor algún vicio oculto, o gravamen, de la cosa vendida.

RÉDITO

Renta, utilidad que rinde un capital. Interés.

REEMBARGAR

Volver a embargar algo que ya lo estaba, por segunda o ulteriores veces.

REEMPLAZAR

Sustituir una cosa por otra que haga sus veces.

Sustituir un derecho o una obligación por otro derecho u otra obligación.

REFRENDAR

Legalizar un documento después de haber sido firmado por un superior.

RÉGIMEN DE COMUNIDAD

El régimen económico matrimonial, dentro de la variedad tipológica a que puede dar lugar la libertad de su organización por los interesados, es siempre reconducible a uno de los dos grandes tipos: o el de separación o el de comunidad.

Dentro de este último tipo, el de comunidad, y además del régimen de comunidad de gananciales, cabe la siguiente variación: comunidad universal de bienes, que existirá cuando se haya pactado que todos los bienes de los cónyuges se harán comunes al celebrarse el matrimonio, sin necesidad de transmitirlos de forma singular.

RÉGIMEN DE SEPARACIÓN DE BIENES

Es el régimen económico matrimonial que rige, además de cuando ha sido convenido, cuando en las capitulaciones matrimoniales se ha acordado no sujetarse a la sociedad de gananciales sin expresar reglas para regir el régimen económico matrimonial y cuando, extinguido el régimen de gananciales o de participación durante el matrimonio, no se sustituye por otro régimen. En el sistema de separación pertenecerán a cada cónyuge los bienes que tuviese en el momento inicial de este régimen y los que después adquiera por cualquier título. Cada cónyuge tiene la administración, goce y libre disposición de tales bienes.

REGISTRO DE LA PROPIEDAD

El Registro de la Propiedad tiene por objeto la inscripción o anotación de los actos y contratos relativos al dominio y demás derechos reales sobre bienes inmuebles. Es público para los que tengan interés conocido en averiguar el estado de los bienes inmuebles o derechos reales anotados o inscritos.

REGLAMENTO DE RÉGIMEN INTERIOR

Regulación de los detalles de la convivencia y la adecuada utilización de los servicios y cosas comunes, exclusivamente dentro de los límites fijados por la ley y los estatutos. Se equi-

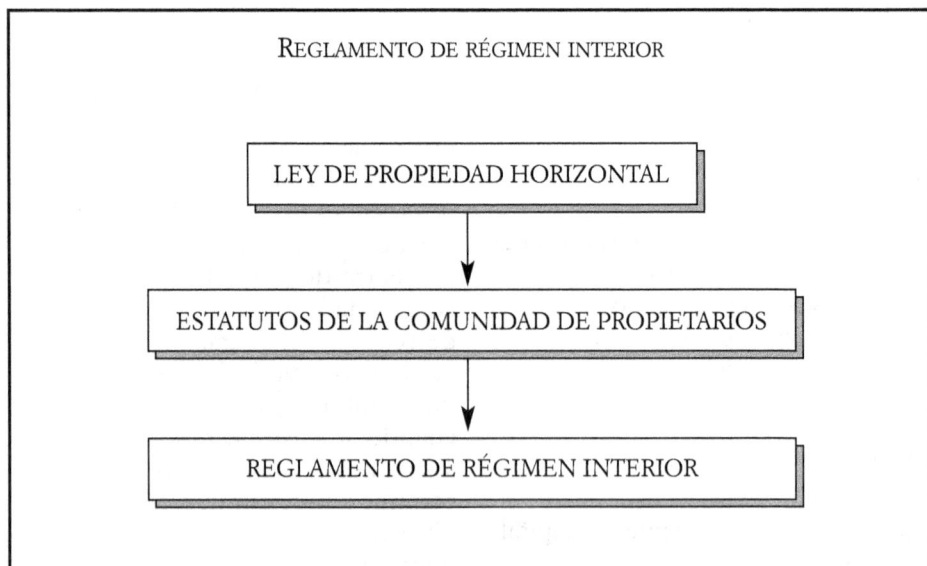

REGLAMENTO DE RÉGIMEN INTERIOR

LEY DE PROPIEDAD HORIZONTAL

↓

ESTATUTOS DE LA COMUNIDAD DE PROPIETARIOS

↓

REGLAMENTO DE RÉGIMEN INTERIOR

paran a acuerdos comunitarios (véase esquema en página anterior).

REHABILITACIÓN

Reforma de un edificio con el objeto de devolverle su aspecto original y adecuarlo para un uso diferente al que tenía (convertir un bloque de viviendas en oficinas o en hotel, etc.).

REIVINDICAR

Reclamar uno lo que le pertenece por derecho. Exigir la entrega de lo que ha sido expoliado o está indebidamente en poder de otro. Recuperar un bien.

RELACIÓN JURÍDICA

Relación que establecen entre sí dos o más personas, entre las que existen derechos subjetivos y obligaciones recíprocas, en virtud de imperativo legal o de sus propios actos. Así existen relaciones jurídicas entre los copropietarios del edificio, entre el dueño de una vivienda y su inquilino, entre la comunidad y el portero, etc.

RELACIONES DE VECINDAD

Se trata de reglas legales que establecen los derechos y obligaciones que afectan a los propietarios de fundos contiguos o próximos, regulando de forma permanente el derecho de exclusión y los deberes de tolerancia que se impone a los propietarios a causa de la vecindad de sus respectivas fincas.

RELLANO

Espacio al que se abren las puertas de las diferentes viviendas y apartamentos de una planta del edificio, permitiendo acceder a ellos por las escaleras y/o el ascensor.

RENTA

Rédito. Beneficio. Utilidad. Ingreso anual que produce un trabajo, una propiedad, una inversión u otro derecho. Lo que paga en dinero o en frutos un arrendatario.

RENTA INCREMENTADA

Referida a los arrendamientos urbanos, constituye el derecho tasado que tiene el arrendador para aumentar la renta contractual o pactada al celebrar el contrato.

RENUNCIAR

No aceptar o no admitir una cosa. Desistir voluntariamente de algo

119

(derecho, acción, cosa) que se tiene o se espera tener.

REPARACIÓN

Trabajo u obra encaminada a devolver una cosa a su estado original, corrigiendo los daños que haya sufrido y haciendo que vuelva a ser útil para la función a la que estaba destinada.

REPRESENTACIÓN PROCESAL

Es la comparecencia en juicio por medio de procurador legalmente habilitado para actuar en el juzgado o tribunal que conozca de los autos, y con poder declarado suficiente. Dicha representación puede ser optativa u obligada por la ley.

REPRESENTAR

Sustituir o hacer las veces de otra persona, en cuyo nombre se actúa.

REPUDIAR

Renunciar voluntariamente a una cosa, a un derecho o a una persona.

RES NULLIUS

Expresión latina que significa «cosa sin dueño».

RESCINDIR

Anular, dejar sin efecto un contrato o una obligación. Invalidar un documento.

RESGUARDO

Garantía puesta por escrito que acredita la entrega de una cosa o de un documento.

RESOLUCIÓN

Providencia, auto o sentencia que dicta la Autoridad judicial o gubernativa. Determinación. Decisión.

RESPONSABILIDAD DECENAL

Se llama así a la responsabilidad civil en la que incurren las personas físicas o jurídicas que intervienen en el proceso de la edificación frente a los propietarios o adquirentes de los edificios, por los vicios o defectos que afecten a la cimentación, los soportes, las vigas, los forjados, los muros de carga u otros elementos estructurales y que comprometan la resistencia y la estabilidad del edificio.

RESPONSABILIDAD JURÍDICA

Es la obligación de reparar en forma económica un daño causado. Puede tratarse de responsabilidad civil o penal. La civil consiste en la indemnización de daños y perjuicios, como consecuencia de una disposición legal, de lo convenido en un contrato o de unos hechos. La responsabilidad penal es la que se deriva de la comisión voluntaria de hechos delictivos que intencionadamente causan un daño, del que se debe responder pecuniariamente.

RESTITUCIÓN

Devolución de una cosa a la persona que le pertenece. Reparación del daño causado a quien se ha perjudicado, mediante el correspondiente reintegro o indemnización.

RETRACTO

Derecho de adquisición preferente que determinadas personas pueden ejercitar dentro de un plazo señalado por la ley, para adquirir una cosa una vez que esta ha sido transmitida a otra persona. Los retractos pueden ser de distintas clases.

RETRACTO ARRENDATICIO URBANO

Es el derecho que reconoce la Ley de Arrendamientos Urbanos al arrendatario de una vivienda o local de negocio, en caso de que venda lo que tiene arrendado a un tercero, para su adquisición preferente, mediante su subrogación en los derechos y obligaciones del comprador.

RETRACTO DE COHEREDEROS

Es el derecho que tiene el coheredero a subrogarse en la posición de un tercero que adquirió de otro coheredero su cuota indivisa de participación en la herencia, reembolsando al tercero el precio pagado.

RETRACTO DE COMUNEROS

Según la ley, es el que corresponde al copropietario de una cosa común, en el caso de enajenarse a un extraño la parte de todos los condueños o de alguno de ellos. Si son dos o más los copropietarios que quieran usar del retracto, lo deberán hacer a prorrata de la porción que tengan en la cosa común.

RETRACTO LEGAL

Es el derecho de subrogarse con las mismas condiciones del contrato, en lugar del que adquiere una cosa por compra o dación en el pago.

RETROVENTA

Condición establecida por el vendedor de una cosa, de poder recuperarla en un plazo determinado mediante el reembolso al comprador del precio que ha satisfecho y de los gastos y pagos legítimos que ha efectuado por razón de la compra. Es un retracto convencional.

REUNIÓN

Cada una de las sesiones de la junta o asamblea de la comunidad de propietarios, sean ordinarias o extraordinarias, convocadas previamente o de carácter universal.

REUNIONES ILÍCITAS

Son reuniones o manifestaciones ilícitas las que se celebren con el fin de cometer algún delito, o aquellas a las que concurran personas con armas, artefactos explosivos u objetos contundentes o de cualquier otro modo peligrosos.

REVERSIÓN

Restitución de una cosa a su estado anterior. Reintegro de una cosa a la propiedad del dueño primitivo.

REVESTIMIENTO EXTERIOR

Material con el que se cubre una pared u otro elemento como refuerzo, ornamento, etc.

REVOCACIÓN

Declaración de voluntad de una persona mediante la cual anula una disposición suya anterior, o un acto que había otorgado, sin que exista disposición legal que lo prohíba. Se aplica a donaciones, testamentos, etc. Resolución por la que un juez o tribunal deja sin efecto lo resuelto por otro inferior, y se pronuncia de la forma que considera más procedente.

RÓTULO

Placa o cartel construido con diferentes materiales (metal, madera, plástico, neones, etc.) por el que se anuncia un producto, un establecimiento o alguna actividad profesional. En un edificio, los dueños de locales y de despachos o consultorios profesionales pueden instalar rótulos visibles desde el exterior. La comunidad de propietarios puede autorizar también el uso de la azotea para instalar rótulos publicitarios a cambio de una compensación económica que se destinará a cubrir los gastos comunes.

RUINA

En el supuesto de que un edificio o construcción amenazase ruina y peligro de hundimiento, el propietario está obligado a su demolición o a realizar las obras necesarias para evitar que se venga abajo.

En caso de que el propietario no lo hiciera, la autoridad competente podrá hacer demoler la construcción o edificio ruinoso, a expensas de este.

El ayuntamiento, de oficio o a instancia de parte, puede decretar el estado de ruina de un edificio si presenta daños generalizados en sus cimientos o estructura (ruina técnica), si su coste de reparación excede el 50% de su valor actual (ruina económica) o si esta no puede autorizarse por estar fuera de ordenación (ruina urbanística). La declaración de ruina implica la orden de su demolición (a cargo de la comunidad) previo desalojo de sus ocupantes. Los inquilinos, arrendatarios y usufructuarios pierden sus derechos y están exentos de toda posible indemnización. La comunidad conserva la propiedad del solar, en proporción a la cuota que paga cada copropietario.

El contratista responde de la ruina del edificio si se debe a defectos de la construcción y se produce dentro de los 10 años siguientes a la finalización del edificio. Durante el mismo período responden el arquitecto, arquitecto técnico y los demás técnicos que hayan intervenido en el proyecto o la dirección, si la ruina se debe a errores de cimentación, de cálculo de la estructura, o bien a órdenes equivocadas durante la ejecución de la obra. Y, finalmente, si la ruina se debe a que el contratista no ha cumplido lo pactado en el contrato, por desviarse del proyecto o emplear materiales de calidad inferior, su responsabilidad dura 15 años.

Si los responsables cuentan con un seguro de responsabilidad civil, la compañía aseguradora se hará cargo de las indemnizaciones.

RUINÓGENO

Generador o causante de ruina. Se aplica a los defectos de la construcción que provocan la ruina de un edificio (véase *Vicio*).

S

SALA

Lugar, pieza donde se constituye un tribunal de justicia para celebrar audiencia. Cada una de las secciones de los tribunales colegiados.

SALA DE JUNTAS

En el título constitutivo de la propiedad horizontal, puede destinarse un local del edificio a sala de juntas, para celebrar allí las de la comunidad y otras reuniones colectivas. En tal caso, dicho local tendrá la consideración de elemento común.

SALARIO

Paga. Sueldo. Estipendio. Retribución que recibe el empleado o traba-jador por cuenta ajena como pago por su trabajo. Normalmente se paga en dinero, pero puede ser, en todo, o en parte, en especie (productos) o servicios.

SALDAR

Liquidar una cuenta. Satisfacer totalmente una deuda. Resolver definitivamente un asunto o cuestión.

SALDO

Remate y finiquito de una deuda y obligación. Cantidad que de una cuenta resulta a favor o en contra de uno, tras considerar el debe y el haber. Se llama acreedor cuando el haber es superior al debe y deudor en el caso contrario.

SANCIÓN

Acto solemne por el que se autoriza una ley, ordenanza, estatuto o disposición. Pena que establece la ley y que se aplica al que infringe sus preceptos. Los estatutos y los reglamentos de las comunidades de propietarios pueden establecer la aplicación de sanciones a quienes infrinjan sus normas de convivencia.

SANCIONAR

Otorgar fuerza de ley a una disposición. Aplicar un castigo por la comisión de un delito o falta.

SANEAMIENTO POR DEFECTOS O VICIOS OCULTOS

Responsabilidad a la que debe hacer frente el vendedor cuando la cosa vendida adolece de un defecto o vicio no aparente, que la hace inadecuada para el objeto con que se la adquirió, o disminuye sensiblemente su valor.

SANEAMIENTO POR EVICCIÓN

Acción que corresponde al comprador frente al vendedor cuando se le priva por sentencia firme, en virtud del derecho de un tercero anterior a la compra, de todo o parte de la cosa adquirida.

SANEAR

Reparar o remediar una cosa. Indemnizar al comprador por los daños o perjuicios que haya recibido, por vicio o defecto de la cosa adquirida, o por haber sido despojado o perturbado en la posesión.

SATISFACER

Pagar por completo lo que se debe.

SECRETARIO

Cargo de la comunidad, elegido anualmente por votación o por turno rotatorio entre los copropietarios. Sus funciones son las de redactar las actas de las reuniones de la junta, custodiar los documentos de la comunidad, y las demás que establezcan los estatutos o le encomiende la junta. Si los estatutos no prevén la elección de secretario, ni la junta lo elige, sus funciones serán asumidas por el presidente. En muchas comunidades, dichas funciones son encomendadas al administrador de la finca.

SEGREGAR

Apartar una cosa de otra u otras. Se aplica, en especial, a la llamada segregación de fincas que consiste en la separación de una parte de la finca mayor, para formar otra independiente, y se formaliza en escritura pública, en la que se describe la mayor finca y la porción que se segrega, para que dicha operación sea inscrita en el Registro de la Propiedad correspondiente.

SEGUNDA INSTANCIA

Grado jurisdiccional que la ley ha establecido para tramitar y sentenciar la apelación de juicios en primera instancia.

SEGURO

Contrato por el que una de las partes, por lo general alguna compañía o sociedad aseguradora, se obliga, a cambio de una prima anual, a satisfacer una indemnización a la otra parte (el asegurado o a quien este designe) en el caso de que ocurra un daño o acontecimiento incierto a la persona o cosa que se asegura.

SEGUROS DE DAÑOS

Se denomina así a los que cubren el riesgo de los daños materiales que puedan sufrir los bienes asegurados, hasta el límite del capital pactado, debidos a siniestros tales como incendios, robos, actos de vandalismo, inundaciones interiores y otros supuestos similares. Muchas compañías de seguros disponen de pólizas

combinadas que ofrecen tales coberturas, ideadas especialmente para las comunidades de propietarios de los edificios.

SEGUROS DE RECLAMACIÓN DE DAÑOS

Es una modalidad de seguro por la que la compañía se compromete a llevar a cabo la reclamación pertinente, por vía judicial o extrajudicial, por medio de sus abogados, si el asegurado sufre daños materiales debido a la actuación malintencionada o temeraria de otra persona. Suele combinarse con el seguro de responsabilidad civil.

SEGUROS DE RESPONSABILIDAD CIVIL

Son aquellos en los que la compañía de seguros se compromete a asumir la defensa del asegurado, proporcionándole abogado y procurador, si alguien le reclama una indemnización por daños y perjuicios causados de forma no intencionada, y a pagar dicha indemnización (hasta el límite pactado), si finalmente resulta obligado a ello, por sentencia judicial o acuerdo amistoso con el perjudicado. Existen pólizas concebidas para la conducción de vehículos y embarcaciones, transportes, actividades empresariales y profesionales, deportistas y muchas otras. Las compañías ofrecen también este tipo de pólizas a los propietarios de las diferentes viviendas y locales, como a la comunidad en su conjunto, para cubrir las responsabilidades en que puedan incurrir unos y otros al realizar obras, producirse escapes de agua, accidentes en el ascensor, etc.

SEÑAL

Mojón o hito que sirve para marcar y delimitar. Indicio material de una cosa. Vestigio o huella que queda de algo. Parte del precio anticipado como garantía del cumplimiento de lo convenido.

SERVIDUMBRE

Gravamen impuesto sobre una finca (predio sirviente) en beneficio de otra (predio dominante) perteneciente a distinto dueño. Las servidumbres que se establecen por la ley se llaman legales, y si es por voluntad de los propietarios se llaman voluntarias.

SERVIDUMBRE DE DESAGÜE

Puede exigirse legalmente si, para evacuar las aguas pluviales de un patio cerrado, es indispensable hacerlo a través de la finca colindante, porque no resulta posible a través de la propia, o de la vía pública. El predio sirviente está obligado a aceptarla,

pero puede exigir que el desagüe se realice en el lugar que resulte menos gravoso, y cobrar una indemnización. De forma voluntaria, puede pactarse entre los dueños o comunidad de dos edificios, de manera que uno reciba las aguas pluviales caídas sobre el otro, a cambio de una indemnización. En todo caso, constituida la servidumbre, el dueño del predio sirviente no puede realizar ninguna obra que ciegue el desagüe o dificulte la evacuación del agua.

SERVIDUMBRE DE LUCES

Es la que consiste en el derecho de abrir huecos de determinadas condiciones limitativas para dar luz, exclusivamente, a un edificio (predio dominante) a expensas de una finca ajena (predio sirviente).

SERVIDUMBRE DE MEDIANERÍA

Es la servidumbre especial constituida por el conjunto de derechos y obligaciones que dimanan de la existencia en común de una pared, cerca, vallado, etc., entre los dueños de dos predios colindantes. Se presume la servidumbre en las paredes divisorias de los edificios contiguos hasta el punto común de elevación, así como en las de los jardines o corrales sitos en un pueblo o en el campo, y en las cercas, vallados y setos vivos que dividen los predios rústicos.

Servidumbre de paso

Es la que se constituye a favor de una finca o heredad enclavada entre otras ajenas y que no tiene salida a camino público, para tener paso por las heredades vecinas, previa la correspondiente indemnización. El paso debe darse por donde menos perjuicio se cause al predio o predios sirvientes y por donde sea menor la distancia entre el predio dominante y el camino público.

Servidumbre de vistas

Es más amplia que la de luces, pues permite, además, tener vistas sobre el predio ajeno (sirviente) y asomarse a través de los huecos existentes, lo que no puede hacerse en la de luces.

Silencio administrativo

Acto administrativo presunto que consiste en no contestar ni resolver la Administración la solicitud del administrado en el plazo legal de que dispone para ello. Por lo general, supone una concesión, salvo determinados casos en que es una denegación.

Silencio negativo

Es el que equivale a una denegación o desestimación de lo que se solicita a la Administración.

Silencio positivo

Es el que equivale a la concesión, por parte de la Administración, de la solicitud o permiso que se le ha planteado.

Simulación

Engaño. Es el acto de simular o fingir algo. Imitación de lo que no es, o de lo que no se es. Fraude o alteración que se hace con intención dolosa de la causa, índole u objeto de un contrato. Concertación entre dos o más personas para establecer un contrato con intención de engañar a un tercero. Da lugar a su nulidad por causa ilícita y defecto en el consentimiento.

Sinalagmático

Negocio jurídico bilateral en el que se establecen obligaciones mutuas por ambas partes, y si una de ellas incurre en incumplimiento, la otra parte podrá exigir el cumplimiento o la resolución del contrato.

Siniestro

Daño fortuito que sufren las personas o sus propiedades por causa de la actuación de fuerzas naturales (inundaciones, incendios), por accidentes o por causa de los actos de otras personas, y que es cubierto por las pólizas de seguro.

SIRVIENTE

Dícese del predio o finca gravado con una servidumbre.

SOBREÁTICO

En algunos edificios, piso situado encima del ático, generalmente retranqueado respecto a este, y de pequeñas dimensiones.

SOBREELEVAR

Acción consistente en levantar nuevas plantas sobre un edificio construido anteriormente.

SOBRESEER

Desistir.
Cesar en la instrucción de un sumario procediendo posteriormente a su archivo.

SOBRESEIMIENTO

Resolución judicial que da por concluido, o paraliza, un proceso cuando concurren determinados presupuestos que deben impedir su continuación.

SOCIEDAD

Entidad social que se caracteriza por su origen voluntario en forma contractual, con objetivos lucrativos. Contrato por el cual varias personas se comprometen a poner en común dinero o bienes con el fin de conseguir y repartir unas ganancias. Una sociedad civil, mercantil o cooperativa, legalmente constituida, tiene individualidad propia, como persona jurídica que es, y puede tener bienes en propiedad. Por lo tanto, puede ser la dueña de alguna de las viviendas y locales, siendo un miembro más de la comunidad. En su nombre, intervendrá en la junta su representante legal (director, gerente, consejero, etc.).

SOCIO

Persona que es miembro de una asociación o sociedad.

SOLAR

Finca apta para la edificación. Legalmente, debe estar situada en suelo urbano, con acceso a calle con calzada pavimentada y aceras encintadas, dotado de suministro de agua potable, electricidad y sistema de evacuación de aguas residuales y, si existe Plan General en el municipio, deben estar señaladas las alineaciones y rasantes de los edificios. El ayuntamiento deberá negar la licencia de edificación si la finca donde piensa construirse no reúne estos requisitos.

SOLIDARIO

Se aplica a las obligaciones y derechos contraídos en común, y a las personas que los contraen. Así, son acreedores solidarios los que tienen derecho cada uno de ellos a cobrar por entero del deudor; y se llaman deudores solidarios los que, cualquiera de ellos, pueden ser compelidos al pago total de la deuda.

SOLVENCIA

Capacidad económica para hacer frente a cargas y pago de deudas a los acreedores.

SOMETER

Poner a una persona bajo la autoridad de otra. Acatar la decisión o juicio de alguien.

SÓTANOS

Locales o espacios accesibles, situados en el interior del edificio por debajo del nivel de la calle. Si tienen acceso desde el exterior, o al vestíbulo, y reúnen las condiciones necesarias de ventilación, pueden ser elementos

privativos, como un local más, y ser destinados a garaje, almacén, discoteca, etc.

Pero el título constitutivo puede declararlos elemento común, y destinarlos al uso de la comunidad, como por ejemplo, aparcamientos, cuartos trasteros, etc.

SOTERRAR

Enterrar bajo el nivel del suelo. Se aplica a conducciones de agua, gas, electricidad, alcantarillado, etc., instaladas bajo la superficie, y también a ciertos elementos de los cimientos de los edificios.

SUBARRIENDO

Contrato que debe reunir determinados requisitos por el cual el arrendatario de la cosa arrendada la arrienda, a su vez, a otra persona.

El primero se denomina subarrendador y el segundo se llama subarrendatario.

Precio del subarriendo.

SUBARRIENDO DE VIVIENDA

Contrato por el cual el subarrendador arrienda, total o parcialmente, la vivienda de la cual es arrendatario. Es necesaria autorización expresa y escrita del arrendador para poder realizarlo legalmente.

Subasta

Procedimiento de venta mediante el cual se ofrecen públicamente bienes que se adjudican al mejor postor. Contrato, generalmente de servicios públicos, que se adjudican a los particulares que ofrecen condiciones económicas más ventajosas.

Subcontrata de obras

Los empresarios que contraten o subcontraten con otros la realización de obras o servicios correspondientes a la propia actividad de aquellos deberán comprobar que dichos contratistas están al corriente en el pago de las cuotas de Seguridad Social.

Solicitarán por escrito que se expida certificación negativa por descubiertos a la entidad gestora de la Seguridad Social.

Dicha entidad gestora deberá librar tal certificación en el plazo improrrogable de treinta días.

Transcurrido este plazo, el empresario solicitante quedará exento de responsabilidad por descubierto.

El empresario principal responderá solidariamente de las obligaciones de naturaleza salarial contraídas por los subcontratistas con sus trabajadores y de las referidas a la Seguridad Social durante el período de vigencia de la contrata, con el límite de lo que correspondería si se hubiese tratado de un personal fijo en la misma categoría o puestos de trabajo.

Dicha responsabilidad tendrá vigencia durante el año siguiente a la terminación del encargo objeto de la contrata.

Subhipoteca

Es la constitución de una hipoteca sobre otra.

Se considera hipotecable el derecho de hipoteca voluntaria, pero quedando pendiente la que se constituye sobre él, de la resolución del mismo derecho.

Subrogación

Sustitución de una cosa por otra, o de una persona en lugar de otra, en una relación jurídica.

Subrogación arrendaticia

Derecho que según la Ley de Arrendamientos Urbanos corresponde al familiar de un inquilino fallecido, para sustituir a este en la titularidad del arrendamiento de una vivienda, siempre que reúna determinadas condiciones de parentesco y convivencia.

Subsanar

Resarcir de un daño. Reparar o remediar un defecto.

SUBSIDIARIO

Dícese de lo que no es principal sino secundario. Sustituye o fortalece lo principal.

SUBSIDIO

Prestación económica de carácter oficial que sirve para ayudar o satisfacer determinadas necesidades, individuales o colectivas, de carácter social o económico.

SUBSUELO

Terreno situado por debajo de los cimientos del edificio. Si el propietario anterior no se ha reservado tal derecho, y resulta técnicamente posible, la comunidad puede aprovechar el subsuelo excavando sótanos que se convertirán en un nuevo elemento común.

SUBTERRÁNEO

Construcción o parte de ella situada bajo el nivel del suelo (véase *Sótanos*).

SUELO

Solar sobre el que se asienta un edificio. En caso de que se produzca ruina o demolición pertenece a la comunidad de propietarios, en proporción a la cuota de sus antiguas viviendas y locales, excepto cuando se ha edificado en virtud de un derecho de superficie.

SUELO-TECHO

Se llama así al espacio interior que existe entre el suelo de una vivienda y el techo de la situada debajo de ella, con los materiales y elementos (forjados, vigas, bovedillas, etc.) que contenga.

Si el título constitutivo no lo considera como elemento común, no tendrá ese carácter, sino que será propiedad común de los dueños de ambos pisos, no del resto.

SUMISIÓN

Sometimiento o aceptación de otra jurisdicción, con renuncia expresa, o tácita, al propio fuero.

SUPERFICIE

El derecho de superficie es un derecho real, de carácter temporal o perpetuo, gracias al cual el superficiario puede realizar y tener una propiedad sobre suelo ajeno.

Extensión de terreno de la que su propietario puede disponer, ateniéndose a lo que dispongan las leyes vigentes.

SÚPLICA

Parte final de un escrito dirigido a la autoridad administrativa o judicial, en el que se fija con claridad y precisión lo que se pide o solicita.

SUSPENSIÓN

Acción de detener por un tiempo un juicio, una acción, un derecho, o el desempeño de un cargo, un empleo, etc., o la vigencia de una ley.

SUSTITUCIÓN

Acción de reemplazar a una persona, o cosa, por otra.

Nombramiento de una persona con el objetivo de que reciba una herencia, a falta del primer llamado o heredero.

T

TABIQUE

Pared de escaso grosor utilizada para crear divisiones interiores en las viviendas y locales, aislando unas habitaciones de otras. Al no formar parte de la estructura del edificio, los tabiques interiores pertenecen exclusivamente al dueño de la vivienda o local donde se hallen. Este puede derribarlos, variar su emplazamiento, abrir puertas en ellos, ampliar las existentes o cerrarlas, o construir otros nuevos. Las ordenanzas municipales exigen, en algunas localidades, la solicitud de licencia para realizar tales obras.

TÁCITA RECONDUCCIÓN

Se aplica a los arrendamientos que se rigen por el Código Civil y están excluidos de la Ley de Arrendamientos Urbanos. Consiste en la prórroga contractual que se deriva si, al finalizar el plazo de duración pactado, transcurren 15 días sin que el arrendador manifieste oposición alguna.

TÁCITO

Callado. Silencioso. Lo que se supone o se sobrentiende sin necesidad de ser expresado formalmente. Forma implícita de dar consentimiento a un acto jurídico.

TALÓN

Cheque. Orden de pago librada contra una cuenta corriente bancaria por medio de una de las hojas de un libro talonario, expedido por el banco al que pertenece la cuenta.

TANTEO

Derecho que por ley se otorga a una persona (condómino, colindante, inquilino, censualista, etc.), para adquirir algo, con preferencia a otra, y por el mismo precio.

TASA

Medida. Precio fijado por la autoridad al que pueden venderse las cosas.

Pago de un servicio público en forma proporcional al uso que se hace del mismo.

TASACIÓN

Justiprecio. Valoración que se hace de los bienes, en especial, cuando se tienen que sacar a pública subasta, o proceder a la división y adjudicación hereditaria.

TASADOR

Perito designado por el juez o los particulares para determinar el precio de las cosas.

TECHO

Parte interior y superior de una habitación, que la cubre y cierra. Forma parte de la propiedad privada del dueño del piso o local en el que se encuentra (véase *Suelo-techo*).

TECHUMBRE

Cubierta de un edificio. Principalmente se aplica a las inclinadas, construidas con tejas, láminas de pizarra u otros materiales, con la finalidad de evacuar las aguas pluviales hacia la vía pública, directamente o por medio de canalones de desagüe (véase *Cubierta* y *Tejado*).

TÉCNICOS

Titulados con competencias propias en algún campo profesional relacionado con la tecnología. En la construcción, reciben este calificativo el arquitecto y el arquitecto técnico o aparejador.

También existen diferentes especialidades de ingenieros superiores y técnicos con competencias en ciertos tipos de construcciones y trabajos especializados.

TEJADO

Cubierta del edificio construida con tejas, láminas de pizarra u otros materiales aislantes, y con inclinación suficiente para evacuar las aguas pluviales y/o la nieve, según las condiciones climatológicas habituales en la zona.

Tercero

Dícese de la persona ajena a una relación jurídica existente entre otras dos, pero que puede resultar afectada de alguna forma por ella.

Término

Extremo. Límite. Plazo. Fin. Territorio sometido a la autoridad de un municipio. Espacio de tiempo fijado para la realización de un acto, o para evacuar un trámite o diligencia judicial.

Terrado

Azotea. Cubierta del edificio construida horizontalmente, y accesible para todos los vecinos por medio de escaleras u otros elementos comunes. Es necesariamente un elemento común.

Terraza

Balcón de dimensiones más grandes que permite no sólo salir al exterior, sino instalar mobiliario adecuado al aire libre. Cubierta del edificio accesible sólo a través de un ático y de uso y disfrute exclusivo para su titular. Tanto las terrazas de los áticos como las de la fachada son siempre y necesariamente elementos comunes del edificio.

Testificar

Declarar, dar testimonio en un acto judicial o en cualquier otro acto, a efectos de probar determinados hechos o circunstancias.

Testigo

Persona que reuniendo las debidas condiciones legales puede declarar sobre la veracidad o falsedad de un hecho, en especial cuando se trata de una controversia litigiosa.

Testigo instrumental

El que asiste al otorgamiento de una escritura pública y la firma como testigo.

Titular

Individuo que ostenta un título profesional. El que ejerce un oficio o profesión, previa obtención del correspondiente título y designación para ello. Sujeto de una relación jurídica o de un derecho. El titular de una vivienda o local es quien lo ocupa por tener derecho a ello.

Título

Origen o fundamento jurídico de un derecho. Documento que acredita la propiedad de un bien, o el poder ejercer una profesión. Nombre que se otorga a alguien por un cargo, oficio o profesión. Cada una de las partes en que se dividen los códigos legislativos, reglamentos, etc. Causa legal de un derecho u obligación. Documento representativo de un valor mobiliario.

TÍTULO CONSTITUTIVO

Documento en el que se crea o constituye el régimen de propiedad horizontal en un edificio determinado. Puede tratarse de un testamento o una declaración unilateral del dueño anterior, o de un pacto unánime, si existen ya varios propietarios.

Para poder inscribirlo en el Registro de la Propiedad, debe otorgarse mediante escritura pública, ante notario.

El título tiene que contener la descripción del edificio en su conjunto, con la debida mención de sus elementos, instalaciones y servicios comunes, y la de todas y cada una de las viviendas y locales que lo constituyen, con su situación en el mismo y la cuota de participación que tienen asignada.

TRABA

Ligadura. Embargo. Gravamen. Diligencia judicial de embargo de bienes de un deudor.

TRADICIÓN

Costumbre, norma que se ha transmitido de generación en generación.

Transmisión de la propiedad por medio de la entrega real o formal de la cosa adquirida.

En la compraventa consiste en la entrega directa de la posesión real, o mediante el otorgamiento de un contrato o escritura pública.

TRAGALUZ

Hueco o ventana abierta en el techo o en la parte superior de una pared, generalmente con derrame hacia el interior.

TRÁMITE JUDICIAL

Cada uno de los actos y diligencias que se tienen que realizar en un juicio o proceso hasta que se lleve a cabo su resolución.

TRANSACCIÓN

Trato. Pacto. Convenio o contrato que consiste en que las partes llegan a un acuerdo en la controversia que sostienen, por medio de mutuas concesiones, evitando o dando término a un litigio.

Dicho acuerdo tiene la autoridad de cosa juzgada entre las partes intervinientes.

Transcripción

Reproducción íntegra de un documento o escrito en el Registro.

Transferencia

Acción y efecto de ceder o traspasar a otro individuo el derecho o dominio que se tiene sobre alguna cosa determinada.

Operación bancaria de traspaso de fondos de una cuenta a otra.

Transgredir

Infringir o violar una disposición legal.

Transitorio

Lo que es provisional o tiene una duración breve y limitada.

Transmitir

Enajenar. Ceder.

Transferir a otro un derecho o la propiedad de una cosa.

Traspaso

Cesión o transmisión de un crédito, derecho, acción o cosa, de una persona a otra.

Traspaso de local de negocio

Cesión mediante precio del arrendamiento de un local en el que tiene lugar una actividad mercantil, por el titular de dicho arrendamiento, a favor de un tercero. En el traspaso se pueden comprender las instalaciones, enseres y mercancías existentes en el local. Para su realización se tienen que cumplir los trámites que establece la Ley de Arrendamientos Urbanos.

Tribunal

Órgano del Estado encargado de administrar justicia. Lugar donde se reúnen los jueces y magistrados para resolver y fallar los asuntos judiciales. En la práctica judicial se denomina así a los órganos colegiados integrados por diversos magistrados, mientras que al órgano unipersonal se le llama juzgado.

Tribunal Arbitral

Órgano al que, mediante pacto, se puede someter la resolución de una controversia de carácter jurídico, la cual se resolverá mediante una resolución denominada laudo.

Tributo

Impuesto. Contribución u otra obligación fiscal que se impone a una persona natural o jurídica, por parte del Estado.

TUBERÍA

Conducto de metal, fibrocemento, material plástico, etc., para el agua potable, aguas residuales o gas. El propietario de un piso o local no puede realizar obras que afecten a las conducciones generales, aunque se encuentren en su interior, sin consentimiento unánime de la comunidad. En cambio, las de las conducciones propias de cada piso o local pueden ser alteradas libremente por sus respectivos dueños.

U

Unanimidad

Acuerdo coincidente de todas y cada una de las personas que forman un grupo, asociación, compañía, comunidad, etc. Según la Ley de Propiedad Horizontal es precisa la unanimidad de todos los copropietarios, para la adopción y validez de los acuerdos que se refieren a la modificación del título o de los estatutos siempre que no hagan referencia al establecimiento o la supresión de servicios (véase esquema).

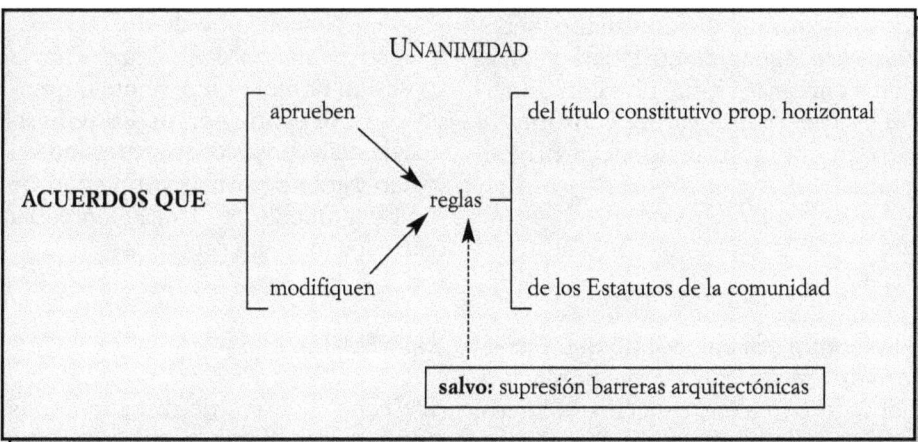

Unanimidad

ACUERDOS QUE — aprueben / modifiquen → reglas — del título constitutivo prop. horizontal / de los Estatutos de la comunidad

salvo: supresión barreras arquitectónicas

URBANISMO

Conjunto de normas legales que regulan la organización, distribución y uso del suelo urbano y rural. Organismo que en los ayuntamientos cuida de la ordenación del suelo urbano y rural y de su distribución en la forma más adecuada para la consecución de fines sociales y económicos.

URBANIZABLE

Terreno declarado apto para ser urbanizado en el Plan General de Ordenación de un municipio.

URBANIZACIÓN

Extensión de terreno situado, por lo general, en la proximidad de una población que, previa la obtención de los oportunos permisos legales para la realización de la apertura de calles, instalación del alcantarillado, servicios de agua, electricidad y otras obras necesarias, fue dividido en parcelas que se edificaron, constituyendo un conjunto residencial urbanizado.

URBANO

Referente a la ciudad. Lo que está situado en un núcleo de población, dotado de calles, espacios públicos, alcantarillado, agua potable, electri-

cidad y otros servicios, por oposición a lo rústico, situado en el campo.

USAR

Utilizar y disfrutar de una cosa, aunque no sea la propia. Obtener provecho y beneficio de una cosa.

USUARIO

Persona que tiene derecho a utilizar una finca, a título de propietario, usufructuario, arrendatario o por cualquier otro concepto (usuarios del ascensor, que pueden ser personas ajenas a la comunidad).

USUCAPIÓN

Modo de adquirir la propiedad de una cosa por el uso no interrumpido de la misma, de forma pública, pacífica y en concepto de dueño. La propiedad de una finca se adquiere por la posesión durante diez, veinte o treinta años, dependiendo de los requisitos de dicha posesión, mientras que el plazo para adquirir la propiedad de un bien mueble por usucapión oscila entre los tres y los seis años.

USUFRUCTO

Derecho de uso y de disfrute de los frutos y beneficios de una cosa que pertenece a otra persona. Es un derecho real establecido por la ley, por contrato o por testamento, y consiste en el uso de una cosa y la percepción de sus frutos, naturales o civiles.

USUFRUCTUARIO

El que ostenta un derecho de usufructo sobre una cosa. Está obligado a su guardia, custodia y buena conservación, y puede disponer de sus frutos pero no de la cosa en sí. Por lo general, el usufructo es personal y se extingue con la muerte de su titular, consolidándose la plena propiedad de la cosa en el que era nudo propietario.

USURPACIÓN

Delito que consiste en apoderarse con violencia o intimidación de un bien inmueble o derecho real ajeno, u ostentar una dignidad o empleo al que no tiene derecho, en perjuicio o detrimento de su titular.

UT SUPRA

Locución latina que significa «como arriba». Se usa al finalizar un escrito para dar por repetida la fecha con que ha sido iniciado.

ÚTIL

Que produce un provecho o beneficio.

UTILIDAD

Frutos. Beneficios que produce una cosa a su propietario o usufructuario, como, por ejemplo, las rentas de las viviendas o locales arrendados.

UTILIDAD PÚBLICA

Concepto jurídico que con fundamento en el interés general sirve de base para la imposición de servidumbres, expropiación forzosa y actuaciones administrativas.

V

VACANTE

Vacío.

Cargo o empleo que se encuentra sin cubrir.

VADO

Bordillo rebajado en su altura para permitir el acceso de vehículos a un garaje o aparcamiento, desde la vía pública, a través de la acera, por lo que está prohibido estacionar delante de él.

La prohibición puede tener carácter permanente o estar limitada a ciertas horas del día.

Por contar con ese derecho, las comunidades (o, en su caso, los propietarios de locales que así lo solicitan) tienen que pagar una tasa anual al ayuntamiento.

VALOR

Validez de un acto. Fuerza de una cosa o de un acto para producir efecto. Precio, equivalencia de dinero. Renta, producto de un bien. Certificado justificativo de la obligación que una persona, natural o jurídica, tiene hacia su tenedor (certificados de la deuda pública, obligaciones, acciones, etc.).

VALORACIÓN

Acción y efecto de establecer el valor económico de algo. Se aplica a la formalización de un inventario o balance, o en el caso de una expropiación. Estimación de un bien con fines fiscales y tributarios, o de cobro de indemnizaciones por daños materiales.

VECINDAD

La condición de vecino que una persona tiene en una población, por razón del tiempo de residencia en ella, según lo determinado por la ley. La vecindad civil determina la sujeción al derecho civil común o al especial y foral. Tienen vecindad civil los nacidos de padres que tengan tal vecindad. Y se adquiere por residencia continuada durante dos años, si el interesado manifiesta su voluntad; por residencia continuada de 10 años; la mujer y los hijos menores siguen la condición del marido y padre.

VECINO

El que tiene establecido su domicilio en alguna población, o ciudad, de forma permanente y se halla inscrito en el padrón de habitantes. Por extensión, se llama vecino al que vive en el mismo edificio que uno, o a los que habitan en la misma zona.

VENCER

Finalizar un plazo. Hacerse exigible una obligación por haberse cumplido el plazo fijado.

VENCIMIENTO

Momento en que se tiene que cumplir una obligación, o en que se concluyen los términos de un contrato, o bien se tienen que ejercitar determinados derechos, según la ley. En las letras de cambio significa el día en que debe ser satisfecho su importe.

VENDEDOR

Persona que transmite a otra la propiedad de una cosa que es suya, mediante el precio convenido.

VENDER

Exponer y ofrecer públicamente mercancías para quien las quiere comprar. Transmitir una cosa propia a otra persona por un precio.

VENTA CON PACTO DE RETRO O A CARTA DE GRACIA

Es aquella en la que el vendedor se reserva la facultad de recobrar la cosa vendida durante un tiempo determinado, mediante la restitución del precio satisfecho.

VENTA A PLAZOS

Es la que consiste en entregar la cosa vendida y recibir su precio fraccionada y periódicamente en un espacio de tiempo convenido. Por lo general el pago periódico se realiza mediante letras de cambio.

VENTANAS

Abertura practicada a la fachada o a los patios interiores de un edificio para comunicar el interior de una vivienda o local con el exterior. Tanto unas como otras son necesariamente elementos comunes por su propia naturaleza. Los propietarios de viviendas y locales no pueden abrir nuevas ventanas, ni cegar las existentes o variar sus dimensiones, sin el consentimiento unánime de la comunidad.

VERBAL

Que se hace o se conviene de palabra.

VESTÍBULO

Espacio situado tras la puerta de acceso al edificio, donde están situadas las garitas o mostrador de porteros y conserjes, la parte del ascensor y las escaleras. Las viviendas con acceso directo al vestíbulo son las denominadas entresuelos. El vestíbulo es siempre un elemento común, aunque en su interior pueden existir puestos de venta que sean privativos.

VESTIGIO

Huella. Resto. Señal o indicio que permite la averiguación de un hecho.

VETO

Facultad que tiene una persona o corporación para suspender o impedir la ejecución de un acuerdo.

VÍA

Modo de proceder en la sustanciación y tramitación de los juicios y reclamaciones jurídicas de diferentes clases.

A título enumerativo las vías son las siguientes: vía contenciosa, ejecutiva, de apremio, gubernativa, ordinaria y sumaria.

VICEPRESIDENTE

Cargo opcional cuya existencia es decidida por la junta de propietarios; para su nombramiento se siguen las mismas pautas que para el nombramiento del presidente de la comunidad.

Las funciones del vicepresidente se concretan en sustituir al presidente en caso de ausencia, vacante o imposibilidad, y asistirle en el ejercicio de sus funciones.

VICIO

Desviación. Error. Defecto. Imperfección.

En Derecho se consideran varias clases de vicios.

Vicio del consentimiento

Es el ocasionado por el error sobre el hecho o el objeto del contrato, que da lugar a que el consentimiento no se preste de forma consciente y libre, y es causa de nulidad del contrato. Será nulo el consentimiento prestado por error, violencia, intimidación o dolo.

Vicio de forma

Es el que resulta de la ausencia de los requisitos o formalidades exigidos por la ley para la validez de un acto o instrumento jurídico.

Vicio oculto

Defecto existente en una cosa vendida y que, desconocido por el comprador en el momento de su adquisición, da lugar a una posterior reclamación. El vendedor está obligado al saneamiento por los defectos ocultos que tuviera la cosa vendida si la hacen impropia para el uso a que se la destina o si disminuyen de tal modo este uso que, de haberlos conocido el comprador, no la habría adquirido o habría ofrecido menos dinero por ella; pero no será responsable de los defectos manifiestos o que estuvieren a la vista, ni tampoco de los que no lo estén, si el comprador es un perito que por razón de su oficio o profesión debe conocerlos fácilmente.

Vicio redimitorio

Defecto oculto de la cosa adquirida que impide o reduce el destino que el comprador quería conferirle y que puede dar lugar a la rescisión de la venta.

Vicios de la construcción

Defectos de un edificio derivados de haber sido construido sin respetar el proyecto, o empleando materiales de calidad inferior o defectuosos.

Vicios de la dirección

Defectos de un edificio derivados de órdenes incorrectas en la dirección durante la ejecución de la obra.

Vicios del proyecto

Defectos de un proyecto arquitectónico tales como errores de cálculo, de resistencia de los materiales elegidos, incumplimiento de la normativa básica, etc., que se traducen después en deficiencias o ruina del edificio construido. Los tribunales suelen equipararlos a los vicios del suelo.

Vicios ruinógenos

Taras o defectos de un edificio capaces de provocar su estado de ruina.

VICIOS DEL SUELO

Defectos ruinógenos provocados por deficiencias en la cimentación, o por no haberse considerado las condiciones sismológicas y climatológicas de la zona al elaborar el proyecto.

VIGA

Pieza de madera, acero u hormigón que sirve en la construcción de edificios para formar techos y voladizos, sostener paredes y otros usos estructurales. Cuando la viga es prefabricada y de poca sección se denomina vigueta.

VIGENTE

Se dice de las leyes y costumbres que están en vigor o en uso y no han sido derogadas.

VIGUETA

Viga prefabricada de hormigón, acero, cerámica o madera que se utiliza para construir forjados y sirve para soportar las bovedillas o revoltones.

VINCULAR

Sujetar o gravar ciertos bienes a determinada sucesión, uso o empleo, por disposición de su dueño.

VISTA PÚBLICA

Juicio oral. Acto procesal celebrado en la sede del juzgado o tribunal en el que las partes litigantes exponen oralmente sus pretensiones en orden a la resolución jurídica que se tiene que dictar.

VISTAS

Servidumbre a favor del propietario de un inmueble para gozar de vistas sobre la finca colindante por medio de huecos o ventanas y que le da derecho a impedir las obras que dificulten o impidan dichas vistas.

VIVIENDA

Edificio o parte del mismo que, por ser habitable, puede ser utilizado como domicilio de una persona o familia. Vivienda habitual de una persona es aquella donde reside de forma permanente, por oposición a las que utiliza como segunda residencia, las alquiladas por temporada, etc.

VIVIENDAS DE PROTECCIÓN OFICIAL

Son aquellas que están destinadas a la venta o alquiler para familias de bajo nivel económico, a precios inferiores a los del mercado, y gozando de subvenciones y créditos a bajo interés. Los constructores y promoto-

149

res de tales viviendas gozan de desgravaciones y otras ventajas fiscales.

Vocal

Persona que tiene voz, y a veces también voto, en un consejo, reunión o junta, por derecho, por elección o por nombramiento.

Voluntad contractual

El contrato se fundamenta en la voluntad de las partes que lo celebran, y las obligaciones contractuales que se derivan de aquel han sido contraídas voluntariamente por los contratantes.

Voluntad unilateral

La voluntad declarada unilateralmente también puede dar lugar al establecimiento de una relación jurídica de crédito a deuda, siempre que la oferta del deudor vaya acompañada de la aceptación del acreedor.

Votación

Acto en el cual se ejerce el derecho de votar. Conjunto de votos emitidos en una reunión.

Voto

Sufragio. Opinión o parecer emitido por cada una de las personas que han de proceder a una elección, o adoptar un acuerdo sobre una cuestión.

Voz

Palabra. Cada uno de los vocablos de un diccionario, enciclopedia, etc. Derecho de hablar y tomar parte en las deliberaciones de una junta o asamblea, con independencia de la facultad de votar.

Vuelo

Espacio existente por encima de la cubierta de un edificio. Derecho a construir nuevas plantas.

X

XENOFOBIA

Aversión u odio hacia los extranjeros y sus costumbres contra personas cuya fisonomía social y cutural se desconoce.

Los estatutos no pueden contener normas que impliquen discriminación o marginación a los propietarios extranjeros, o prohibir que los pisos y locales sean arrendados a personas procedentes de otros países.

Y

YACIMIENTO

Lugar donde se encuentran piezas o restos arqueológicos al excavar en el subsuelo para realizar, ampliar o reforzar los cimientos. En caso de tales hallazgos, el contratista y la comunidad están obligados a paralizar de inmediato la obra e informar al organismo competente de su comunidad autónoma. De lo contrario, pueden incurrir en la responsabilidad correspondiente.

YESÍFERO

Terreno con alto contenido de yeso. Para construir en él deben tomarse precauciones, pues su acción corrosiva sobre los cimientos puede provocar la ruina del edificio.

YESO

Sulfato de calcio hidratado del que existen diferentes variedades.

Z

ZAGUÁN

Véase *Vestíbulo*.

ZÓCALO

Cuerpo inferior de un edificio que sirve para elevar los basamentos a un mismo nivel. Franja de pintura, ladrillo o madera que se coloca en la parte inferior de la pared.

ZONA

Extensión de territorio cuyos lindes están fijados por diversas razones administrativas o políticas (por ejemplo, zona fiscal, zona franca, zona fronteriza, zona militar, zona marítima, etc.).

Parte del suelo urbanizable que un Plan Parcial destina a un uso específico (zona residencial, industrial, comercial, etc.).

www.ingramcontent.com/pod-product-compliance
Lightning Source LLC
Chambersburg PA
CBHW071347090426

42738CB00012B/3045